나를 다루는 능력을
폭발적으로 키우고 싶은

_____ 님께

한 번 사는 인생, 어떻게 살아야 하는가

한 번 사는 인생, 어떻게 살아야 하는가

김종원의 세계철학전집

×

니체 for 인생

김종원 지음

'나'를 다루는 능력을 폭발적으로
키우는 철학 수업

"그것이 어디로 가는지 누가 알겠는가,

어디서 온 것인지조차 모르는데."

답이 없는 시대를 산다고 말하는 사람이 많다. 하지만 나는 그렇게 생각하지 않는다. 답을 찾지 못하거나, 없다고 생각하는 이유는 그 문제가 어디서 온 것인지 모르기 때문이다. 어디서 온 것인지 아는 사람은 그것이 무엇이든 어디로 가는지도 알 수 있다.

시작과 본질 그리고 근원을 모르는 사람은 더욱 살기 힘든 세상이다. 이제 비밀은 없다. 모두에게 같은 텍스트가 주어지고 있어서다. 그런데 같은 텍스트를 읽지만, 모두의 변화는 제각각이다. 이유는 텍스트를 바라보는 '어떤 시선으로 읽느냐?', '무엇을 찾아낼 것인가?', '찾아낸 것을 삶에 어떻게 녹여낼 것인가?' 이 세 개의 관점과 질문의 수준이 서로 다르기 때문이다. 좀 더 높은 수준의 소유자에게는 우주처럼 끝나지 않는 지성의 세계가 열리겠지만, 그렇지 않은 사람에게는 아무런 감흥도 느껴지지 않는다.

나는 2008년부터 그 문제에 대한 사색을 시작했고, 16년이 지난 지금에서야 '김종원의 세계철학전집'으로 내가 찾은 답을 세상에 전할 수 있게 되었다. 이 전집의 핵심 메시지를 간단하게 압축하면 이렇다.

1. 철학은 반드시 답을 찾는다. 좀 더 좋은 답도 있고, 좀 더 깊고 풍성한 답도 있다. 전집을 통해서 독자에게 읽고, 사색하며, 실천까지 옮기는 일상의 기쁨을 선물한다.
2. 전집 30권의 큰 구성은 이렇게 진행한다. 살아가는 데 반드시 필요한 30개의 키워드를 먼저 정한 후, 거기에 가장 적합한 30명의 철학자를 통해 이야기를 나눈다.

3. 앞으로 책에서 소개할 주인공은 각자 예술가의 상상력, 학문적인 성과, 현실적인 경험과 지혜 그리고 탁월한 창조력을 가진 인물들이다.

4. 일상의 작은 고민에서 시작해 각종 비즈니스와 삶의 현장 곳곳에서 확실하게 도움이 될 수 있는 해답을 제시한다.

이런 방식으로 그들이 남긴 메시지를 농밀하게 추출해서 소개할 예정이며, 그 내용을 쉽게 이해할 수 있게 설명한 후, 내면에 각인할 수 있도록 필사 문장을 제공할 것이다. 이로써 매일 한 장 한 장을 읽어나갈 당신의 삶은 이전과 완전히 달라질 것이다.

4권의 주인공은 '독일 문학의 보배'라는 철학자, '프리드리히 니체'로, 그가 대표하는 키워드는 '나를 다루는 법'이다. 니체는 '김종원의 세계철학전집' 시리즈 1권의 주인공인 괴테를 생전에 존경했다. 그리고 괴테도, 괴테의 제자 에커만이 스승 괴테와의 대화를 기록한 《괴테와의 대화》라는 책에 니체에게 '독일 문학의 보배'라는 찬사를 남긴 적도 있다. "한 번 사는 인생, 어떻게 살아야 하는가?"라고 묻는 내게, 니체는 이렇게 5가지 조언을 들려줬다. 그리고 이 조언은 그대로 이 책의 목차가 되었다.

"핵심은 '나'를 다루는 법에 대한 공부라네. 내면에 존재하는 '언어'와 지금 네 곁에 있는 '사람', 농밀하게 보내는 '시간', 가장 사랑하는 '책', 그리고 삶을 대하는 '태도'를 바꾼다면, 그게 누구든 자신을 완벽하게 다룰 수 있기 때문에 한 번 사는 인생을 가장 빛낼 수 있지."

나는 니체의 삶을 관찰하고, 연구하면서, 스스로를 다루는 능력을 폭발적으로 늘리기 위해선 5가지 능력이 필요하다는 사실을 알게 되었다. 그 5가지를 그대로 목차로 구성했으며, 그가 남긴 모든 지성의 파편을 가장 농밀한 언어로 변주해서 책에 꾹꾹 눌러 담았다. 부디 근사한 선물이 되기를 바란다.

차례

내면에 존재하는 '언어'

⟨2장⟩ ─────────────────────────────

지금 네 곁에 있는 '사람'

4장

가장 사랑하는 '책'

삶을 대하는 '태도'

김종원의 세계철학전집
✕
니체 for 인생

◇ 1장 ◇

내면에 존재하는 '언어'

Friedrich Wilhelm Nietzsche

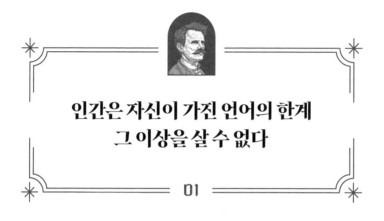

인간은 자신이 가진 언어의 한계
그 이상을 살 수 없다

01

뱀이 허물을 벗지 못하면
결국 죽음을 맞이하게 되듯이,
인간도 오래된 사고라는 허물에 갇히면
안으로부터 썩기 시작해서 결국 죽게 된다.

Friedrich Wilhelm Nietzsche

아이를 늦게 낳아서 기르는 한 남자가 있다. 그가 아이와 동네를 걷고 있었는데, 모르는 사람이 다가와 아이에게 예쁘다고 말하며 남자에게 이렇게 묻는 것이었다.

"혹시 아이 아버지세요? 아니면 할아버지세요?"

사실 이런 장면은 생각보다 자주 목격할 수 있다. 깊은 생각이 필요한 말이 아닌데, 우리는 일상에서 말을 너무 쉽게 하는 사람들을 만나서 마음고생을 한다. 늦게 아이를 낳으면 실제로 그렇게 보일 수도 있다. 하지만 아버지인지 할아버지인지 물었을 정도라면 아버지일 가능성도 갖고 있었던 걸로 볼 수 있으니 적어도 이렇게 말해야 했다.

"아이가 아빠 닮아서 참 예뻐요."

한 사람이 구사하는 언어는 그 사람의 수준이며, 우리는 자기 수준 이상의 언어를 세상에 내보낼 수 없다. 좀 더 수준 높은 삶을 살고 싶다면, 주변 사람들을 수준 높은 언어를 사용하는 사람으로 구성하는 게 좋다. 언어는 그 사람의 한계를 증명하기 때문에 우리는 어떤 방법을 사용해서라도 자신의 언어 수준을 높여야 한다. 그렇게 하지 않으면 앞서 소개한 사례의 주인공처럼 사람들에게 상처를 주는 것도 모르며 평생 얕은 사색에서 나온 못된 말만 하면서 미움만 받고 살게 된다.

"나의 언어는 나의 세계다.

늘 오래된 사고에서 벗어나려고 분투하라.

내가 펼칠 수 있는 언어의 한계가

곧 내가 살아갈 세계의 한계를 결정한다."

당신의 말을
소리로 수준을 높여라

02

만일 음악이라는 여신이 소리 대신
말을 사용해서 의미를 전했다면
사람들은 귀를 막았을 것이다.

Friedrich Wilhelm Nietzsche

  사람이 자신의 감정을 표현하려면 말을 하듯이, 음악가들은 자신의 감정과 생각을 표현하기 위해 작곡을 해서 소리로 전파한다. 여기에 바로 음악의 소리가 말보다 아름다운 이유가 있다. 모차르트는 "언어가 끝나는 곳에서 음악은 시작된다."라고 표현했다. 이유는 간단하다. 말은 생각을 거의 거치지 않고 바로바로 나와서 귀에 들어가지만, 음악은 전혀 그렇지 않다. 귀에 들어갈 가치가 생길 때까지 수정하고 또 다듬는 과정을 반복한다.

베토벤은 이를 다시 이렇게 표현했다. "음악은 남자의 가슴으로부터 나와 여자의 눈물을 자아낸다." 이성에서 시작한 영감이지만, 수없이 많은 수정을 거쳐서 감성의 칠까지 완벽하게 한다는 말이다. 대화를 구성하는 말은 쉽게 나와서 쉽게 사라지는 반면, 음악을 구성하는 소리는 공들여 나와서 귀에 오래오래 머문다. 우리의 말이 아름다운 멜로디가 되려면, 두 번 세 번 더 많은 생각이 필요하다.

필사할
문장

"누구나 연주하듯 말할 수 있다.
세 번 네 번 생각하고 말할 수 있다면."

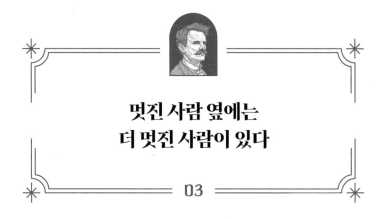

멋진 사람 옆에는
더 멋진 사람이 있다

03

사람의 가치는 타인과의 관계로서만
좀 더 분명히 측정될 수 있다.

Friedrich Wilhelm Nietzsche

"내 주변 사람들은 왜 이렇게 무기력하지?"
"좀 멋진 사람을 만나고 싶은데."

이런 고민을 하고 있다면 먼저 자신의 일상을 돌아볼 필요가 있
다. 사람은 결국 같은 기운과 태도, 그리고 언어 수준이 비슷한 사

람들끼리 모이게 된다. 결국 멋진 사람들 곁에는 더 멋진 사람들이 있고, 무기력한 사람 옆에는 더 무기력한 사람만 있다. 그래서 우리는 한 사람의 가치를 타인과의 관계에서 좀 더 확실하게 측정할 수 있다. 그럼 어떻게 해야 좀 더 나은 관계를 만들 수 있을까?

방법은 문제 안에 이미 존재한다. 세상을 바라보는 태도와 언어를 이렇게 바꾸면 아주 간단하고 빠르게 관계의 질을 높일 수 있다.

"같은 말도 좀 더 예쁘게 하자."

"뭐든 가능하다는 생각에서 계산을 시작하자."

"나보다 잘하는 사람들에게 많이 배우자."

이렇게 태도를 다시 세팅하면 우리의 두뇌와 재능도 이전보다 훨씬 발전하며, 동시에 거기에 맞는 멋진 사람들과 행복한 관계를 유지할 수 있다.

"나를 바꿀 수 있는 가장 위대한 방법은 바로 내 생각에 있다.

오래된 생각을 바꾸면 나를 둘러싼 모든 것이 바뀐다."

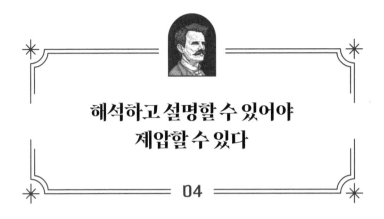

해석하고 설명할 수 있어야
제압할 수 있다

04

사실이란 것은 없고,
해석만 있다.

Friedrich Wilhelm Nietzsche

사실은 모두의 것이지만 해석은 소수만의 특권이다. 보통 사실을 아는 것이 힘든 시대라고 말하지만, 사실보다 더 얻기 어려운 것이 바로 해석하고 그걸 설명하는 능력이다. 해석할 수 있다는 건 그 사실을 온전히 받아들여서 자기만의 언어로 표현할 수 있다는 걸 의미한다.

사실이 없고 해석으로 나온 가짜만 있는 세상이라고 말할 수도 있다. 하지만 이제, 사실은 누구에게나 공개된 평범한 자료에 불과하다. 중요한 건, 어떻게 해석하고 설명까지 할 수 있느냐에 달려 있다.

"당신이 사실을 말하면 아무도 듣지 않을 것이다.

하지만 해석한 것을 설명하면

모두가 귀를 기울일 것이다."

꾸준히 잘나가는 사람은
말의 태도가 다르다

05

위대한 언어는 위대한 인간을 위해
심오한 언어는 심오한 인간을 위해
섬세한 언어는 세련된 인간을 위해 존재한다.
세상에 존재하는 귀한 언어는
귀한 인간을 위해 존재하기 마련이다.

Friedrich Wilhelm Nietzsche

누구나 일시적으로 잘나갈 수는 있다. 하지만 중요한 건, 인생
은 길기 때문에 꾸준하게 계속 잘나가는 삶을 살아야 한다는 것
이다. 그런 사람들의 말은 뭐가 다를까? 식당을 예로 들면 이렇다.
같은 상권에서 같은 수준의 맛을 가진 메뉴를 파는 식당이지만,
이상하게 시간이 흐를수록 매출에서 차이가 나는 경우가 많다. 모

든 게 같지만 그 결과가 자꾸만 더 벌어지는 이유는 뭘까? 앞서 말한 것처럼 그 이유는 '말'에 있다.

식당을 운영하고 있고, 문을 열었는데 아직 손님이 오지 않은 상태다. 이때 시간이 갈수록 잘되지 않는 식당의 주인은 이런 혼잣말을 한다. "아, 손님 진짜 안 오네."

하지만 같은 상황에서도 잘나가는 식당의 사장이 내뱉는 혼잣말은 이렇다. "아, 손님이 왜 안 오실까."

손님이 있는 자리에서는 존대를 하지만, 없는 자리에서는 존대를 하지 않는다면 과연 그 사람의 진심은 어디에 있는 걸까? 이것이 중요한 이유는, 그 사소한 말의 태도가 그 사람의 모든 것을 결정하기 때문이다. 그 한마디만 들어도 그가 보여 줄 접객이나, 요리, 운영 등 모든 것이 안 봐도 뻔하다.

그러니 당신이 어떤 영역에서 무슨 일을 하든, 죽는 날까지 꾸준히 잘 하고 싶다면 가장 먼저 말의 태도를 바르게 잡아야 한다.

"고객이 없는 상태에서도

가장 정중한 태도로 기품을 담아 부른다면,

그 언어가 가진 위대한 힘이

당신이 하는 모든 일에 스며들어 빛이 될 것이다."

에너지를
오랫동안 유지하는 법

06

원한에 사무친 열정보다
사람을 더 빨리 소모시키는 것은 없다.

Friedrich Wilhelm Nietzsche

'통쾌하다'라는 말은 자칫 자신을 망치는 언어로 사용될 가능성이 높다. 그 안에 누군가 골탕을 먹어서 기쁘거나, 누군가 잘못되어서 행복한 마음이 녹아 있기 때문이다. 그 순간에는 아주 잠시 좋을 수 있으나, 인생을 길게 보면 '통쾌하다'라는 말 안에는 원한이나 분노에 사무친 나쁜 마음이 들어 있어, 오히려 자신을 더 빠르게 망가뜨리는 역할을 하게 될 수도 있다.

원한의 대상보다 원한을 품고 있는 사람들이 오히려 더 빠르게 지치고, 자신을 더 바닥 끝까지 소모하는 광경을 우리는 매우 자주 목격했다. 모두가 거의 비슷한 에너지를 갖고 태어났기 때문에 원한을 가진 사람들은 다른 사람들에 비해서 생산적인 무언가를 만들지 못하고 먼저 지치는 경우가 많다.

"원수를 갖거나 원한을 품지 말라.
원한은 가장 먼저 자신을 품은 자를 망친다."

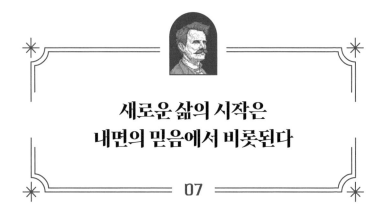

새로운 삶의 시작은
내면의 믿음에서 비롯된다

07

믿음은 거짓보다 위험한 진실의 적이다.

Friedrich Wilhelm Nietzsche

"믿었는데 실망이야."

일상에서 일어나는 거의 모든 부정적인 결과는 대부분 믿음에
대한 실망에서 비롯된다. 그런데 믿었는데 실망이라, 과연 누구의
잘못일까? 반복적으로 믿음에 대한 실망이 일어난다면 그건 누구

의 착오일까?

"저 사람만 믿으면 돼."
"이것만 믿고 가자."

　세상에 존재하는 온갖 '믿을 것'들을 다 인생에서 지우면, 나는 그때 비로소 그 사람의 가치가 빛을 발한다고 생각한다. 비로소 자신을 믿는 삶을 시작하기 때문이다. 자신의 바깥에 있는 것은 아무리 믿어도 그 결과를 짐작하기 힘들다. 자신이 통제할 수 있는 것이 아니기 때문이다. 그러나 그런 굴레에서 벗어나 오직 자신만 믿고 살아가는 삶을 살면, 그간 느끼지 못한 자기 안에 존재하는 새로운 가치를 발견하며 기쁨에 충만한 인생을 살 수 있다. 두렵기도 하고 모험이 될 수도 있겠지만 지금이라도 외부로 향하는 모든 믿음의 끈을 절단하고, 내면으로 이어지는 믿음의 선을 연결해보자.

"새로운 방송을 보려면

기존의 연결을 끊어야 하는 것처럼

새로운 인생을 시작하려면 다른 선을 연결해야 한다."

모두가 성장하지 못하는
이유

08

기다리지 못하고 나는 너무 일찍 왔다.
나의 때는 아직 오지 않았다.

Friedrich Wilhelm Nietzsche

니체의 이 말에는 성장과 때에 대한 깊은 통찰이 녹아 있다. 주변을 둘러보면 열심히 노력하지 않는 사람은 별로 없다. 모두가 각자 자신의 삶에서 매일 무언가를 열심히 한다. 하지만 누군가는 자신의 노력을 성장이라는 역에 도착하게 만들지만, 다른 누군가는 매번 중간에 흐지부지하게 된다. 이유는 간단하다. 성장은 차례

대로 이루어지지 않기 때문이다. 이를테면 성장의 과정은 1, 2, 3으로 시작해서 순서대로 100으로 가는 게 아니라, 1, 2, 3에서 다시 1, 2, 3, 그리고 다시 1, 2, 3으로 돌아와 4 이상을 가지 못한 채 1, 2, 3만 무수히 반복하며 갑자기 이루어진다.

1, 2, 3을 무수히 반복하며 살아가는 어느 날, 갑자기 중간을 다 뛰어넘어 100에 도착하는 것이다. 그래서 성장은 자신과의 끝없는 싸움이자, 지루함을 견딘 자만이 도착할 수 있게 만들어진 인내의 역이다. 이런 성장의 법칙을 니체는 "나는 기다리지 못하고 너무 일찍 왔다. 나의 때는 아직 오지 않았다."라는 멋진 말로 표현했다. 남과 비교하며 자신에게 아픔을 주지 말고, 원하는 삶을 살지 못하고 있다면 아직은 당신의 때가 아니니 그저 일상에 집중하라.

"오늘도 무수히 반복해서 도착한 '3'에서,

포기를 선택하지 말고 좀 더 해보라.

다음은 '1'이 아닌 '100'이 당신을 맞이할 수도 있다."

단 일 초 도
쉬운 순간은 없다

09

밤이 되었다.
나는 또다시 빛나야 한다.

Friedrich Wilhelm Nietzsche

이렇게 묻는 사람은 뭔가를 키우지 못한다.

"유튜브나 인스타를 하다 보면, 구독자 5만, 10만, 20만일 때가
정체기라고 하던데 그때 어려움을 어떻게 해결하셨나요?"

이유는 간단하다. 실제로 해보면 안다. 정체기는 한순간만 있는 게 아니라, 하는 내내 매일 존재하기 때문이다. 1만, 2만, 3만, 4만 등 모든 순간이 정체기다. 그렇게 현재에 만족하지 않고 성장을 강렬하게 소망하는 사람에게는 매 순간이 치고 나가야 할 정체기다. 그건 조급한 게 아니라, 뜨거운 거다. 수많은 사람이 원하는 삶을 살지 못한 채, 두려움을 안고 살아간다. 하루하루를 너무 쉽게 생각하기 때문이다. "밤에 별은 어떻게 빛날 수 있는 걸까?"라는 질문을 했을 때, 당신은 지루한 표정을 지으며 "그냥 빛나는 거 아닌가요?"라고 말할 수도 있다. 하지만 밤이 된다 해서 별이 저절로 빛난다고 생각하지 말라. 세상에 태어날 때부터 빛나는 존재는 없고, 의지를 갖고 분투하지 않으면서 그 빛을 계속 유지할 수 있는 존재도 없다. 별은 그냥 빛나지 않는다. 스스로를 빛내기 위해 분투해서 빛나는 것이다. 그냥 떠오른 별도 없고, 저절로 빛나는 별도 없다. 그건 사람도 마찬가지다. 뭔가를 시작해서 키우고 싶다면 아래의 필사 문장을 꼭 기억해야 한다.

"단 일초도 쉬운 순간은 없다.

나는 또다시 나를 빛내야 한다."

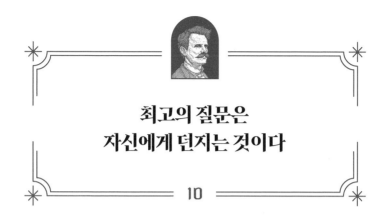

최고의 질문은
자신에게 던지는 것이다

10

심지어 우리들 중에서 가장 용기 있는 사람조차도
자신이 정말로 알고 있는 용기가 뭔지 알지 못한다.

Friedrich Wilhelm Nietzsche

최악의 질문은 동시에 너무 많은 질문을 던지는 것이고, 보통
의 질문은 타인에게 하는 것이며, 최고의 질문은 자신에게 던지는
것이다. 우리는 보통 질문은 타인에게 하는 것이라 생각한다. 하지
만 진정한 질문은 자기 자신에게 하는 것이다. 자신이 진짜 알고
있는 것이 무엇이며 어떻게 정의할 수 있는지 선명하게 표현하려

면 늘 자신에게 질문을 던져야 한다.

　세상에서 가장 지적 레벨이 높은 사람은 미사일과 같은 무시무시한 질문을 타인에게 다발로 발사하는 사람이 아니라, 한 번에 하나씩 자기 자신에게 묻는 사람이다. 그래야 우리는 비로소 자신이 누구인지 알게 된다.

필사할
문장

"타인에게 다발로 쏜 미사일보다

자신을 향해 쏜 연약한 질문 하나가

우리에게 더 농밀한 지성을 선물로 준다."

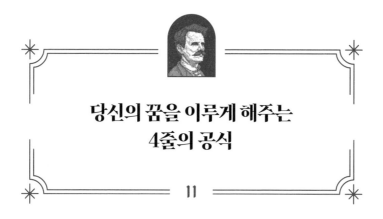

당신의 꿈을 이루게 해주는
4줄의 공식

11

나의 친애하는 그림자여,
내가 너를 얼마나 무례하게 대했는지
이제야 깨달았다.

Friedrich Wilhelm Nietzsche

당신은 앞으로 무엇이 되고 싶은가? 이렇게 질문하면 수많은 사람이 순식간에 자신이 되고 싶은 것에 대해서 말한다. 삶이 다양한 것처럼 꿈도 다양하다. 작가, 인플루언서, 강연가, 기업의 대표 등. 그런데 질문을 이렇게 바꾸면 대부분 금방 조용해진다. "그것이 되기 위해 지금 당신은 무엇을 하고 있나요?"

그렇다. 무엇이 되려는 사람은 매우 많은데, 그것이 되기 위해 무엇을 하려는 사람은 별로 없다. 작가가 되려면 글을 써야 하고, 인플루언서가 되려면 무언가 꾸준히 해야 하고, 강연가가 되려면 콘텐츠를 쌓아야 하고, 기업의 대표가 되려면 자신을 대표하는 무언가를 일상에서 배우면서 실천해야 하는데, 명사를 가지려는 사람은 많지만 동사는 외면하고 있는 셈이다.

그래서 동사 없이 명사를 가질 수 있다며 온갖 카피로 대중을 유혹하는 각종 학원이 즐비하다. 학원의 카피는 대중의 수준을 증명한다. 결국 니체가 말하는 '그림자'는 내가 지금 말하는 '동사'인 셈이다. 모두가 당장 눈앞에 보이는 명사에게만 관심을 가지며 살 때, 그림자인 동사는 언제나 뒤에서 자신을 알아봐 주기만을 기다린다. 동사를 무례하게 대하면서 명사를 가슴에 품을 수는 없다. 당신에게 어떤 꿈이 있든, 위의 필사 문장을 꼭 기억해야 이룰 수 있다.

"동사를 품에 안으면,

명사는 저절로 따라온다.

하지만 동사를 스치면,

명사는 영원히 만날 수 없다."

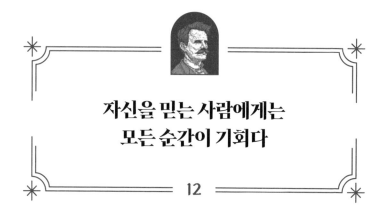

자신을 믿는 사람에게는
모든 순간이 기회다

12

자신을 믿어라. 인생에서 최대의 성과와 기쁨을
수확하는 비결은 위험한 삶을 사는 데 있다.

Friedrich Wilhelm Nietzsche

"요즘 경기가 안 좋아서.", "그건 요즘 인기가 없잖아.", "경쟁이
너무 치열해서 다른 거 하려고." 이런 다양한 이유로 결국 오랫동
안 아무것도 시작조차 하지 못하는 사람이 있다. 그러나 정작 그
들의 가장 큰 문제는 세상이 아니라 자기 자신에게 있다. 자신을
향한 믿음이 부족하기 때문에 늘 시작을 두렵게 생각하며 변명만

하게 된다.

　당신이 어디에서 무엇을 하는 사람이든 가장 먼저 살펴야 할 것은 주변 상황이나 경기가 아니라, "나는 나를 얼마나 믿고 있는가?"에 대한 대답이다. 자신을 향한 믿음의 강도가 높으면 주변 상황은 그저 참고 사항에 불과하다.

"세상에서 가장 강한 자는 자신을 믿는 사람이다.

그는 매일 자신에게 좋은 기회를 선물하기 때문이다."

가장 소중한 것을
흔쾌히 내줄 각오를 하라

13

아무것도 버릴 수 없는 자는
아무것도 느낄 수 없다.

Friedrich Wilhelm Nietzsche

책을 낼 때마다 새치가 늘어나고 있다. 하루는 한 독자가 내게
"얼마나 열심히 글을 쓰셨나요?"라고 물었고 나는 바로 이렇게 답
했다. "원고지에 있던 하얀 여백은 내게로 와서 흰머리가 되었고,
내 검은 머리카락은 원고지로 가서 글자가 되었습니다."

우리는 그렇게 서로에게 가장 소중한 것을 바꾼 것이다. 내가 소중한 검은 머리카락을 버리지 않았다면, 글이라는 선물을 받지 못했을 것이다. 결국, 아무것도 버리지 못하는 자는 아무것도 느낄 수 없다.

"네가 가장 소중한 것을 주면
세상도 가장 귀한 것을 네게 줄 것이다."

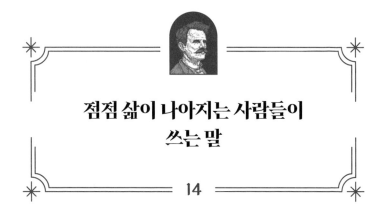

점점 삶이 나아지는 사람들이
쓰는 말

14

인간의 행동은 약속할 수 있지만,
인간의 감정은 약속할 수 없다.

Friedrich Wilhelm Nietzsche

"지금 달러에 투자해야 할까요?"

"지금 팔아야 할까요, 사야 할까요?"

온갖 재테크의 영역에서 변화가 일어날 때마다 정말 자주 듣거나 보게 되는 문장이다. 수많은 사람이 타인에게 투자 여부와 전망을 묻는다. 하지만 점점 삶이 나아지는 사람들은 주변에 투자

여부를 묻지 않는다. 예를 들자면, 자기만의 이런 원칙이 분명하기 때문이다.

"달러는 1,100원에 사서 1,300원에 팔면 된다."

이 한마디에 그의 일상이 어떤지 알 수 있게 된다. 이 한 줄의 사유는 결코 그냥 나온 것이 아니다. 사색가들은 쉽게 알 수 있다. 이런 말을 할 정도라면, 그는 스스로 연구하고 생각하고 탐색해서 얻은 답을, 매일 농밀하게 실천하는 삶을 살고 있는 사람이라는 사실을.

점점 삶이 나아지는 사람들은 자신과 사람들의 행동을 본다. 감정은 알 수 없지만 행동은 짐작이 가능해서 무엇을 하든 실패가 될 확률을 극도로 낮출 수 있다. 자기 삶에서 가장 중요한 것을 결코 타인에게 묻거나 판단하도록 하지 말라. 인생을 완전히 바꿀수 있는 정말 중요한 지점이다. 정보를 얻는 건 좋다. 하지만 판단은 스스로 해야 한다. 그래야 실수까지도 자산으로 쌓을 수 있다.

"왜 타인에게 가장 중요한 것을 묻고,

자신의 삶에 관여하도록 허락하는가?

당신의 사소한 것 하나까지도

스스로 판단하고 제어하라."

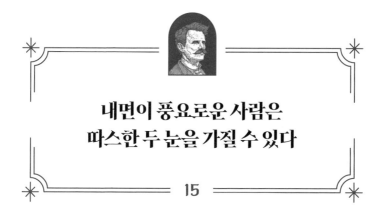

내면이 풍요로운 사람은
따스한 두 눈을 가질 수 있다

15

스스로가 풍요롭고 강하다는 확신을 가질 때
상대에게 증오심을 느끼지 않는다.

Friedrich Wilhelm Nietzsche

　우리는 왜 누군가를 미워하고 싫어하는 걸까? 잘 생각해보면 내가 없는 것을 가진 상대를 봤을 때, 그리고 그가 나보다 잘난 것도 없다는 판단을 했을 때, 이상하게 그를 증오하게 된다는 사실을 깨달을 수 있다. 반대로 생각해보면 내가 스스로 풍족하게 가졌다고 확신할 수 있다면, 더 이상 누구도 증오하지 않고 살 수 있게 된다.

만약 마음에 증오심이 가득하다면, 내면이 빈약하고 스스로에게 어떤 확신도 갖고 있지 못하기 때문이다. 언제나 자신을 보라. 내면이 풍요로울수록 세상과 사람을 바라보는 나의 시선도 따뜻해진다.

"세상과 사람을 향한 분노는

메마른 내면의 상태를 증명한다."

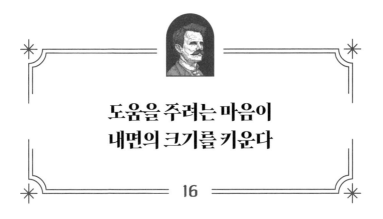

도움을 주려는 마음이
내면의 크기를 키운다

16

아무리 작은 일이라도 다른 사람을 기쁘게 할 수 있다면,
우리의 양손과 가슴에 기쁨이 가득할 것이다.

Friedrich Wilhelm Nietzsche

　같은 글과 말이라도 사람에 따라서 표현이 다르다. 어떤 사람
의 말과 글은 일기 수준에서 벗어나지 못하지만, 어떤 사람의 말
과 글은 끊임없이 공유가 되어 세상에 널리 퍼진다. 서울에 사는
가족이 강원도에 있는 놀이동산에 다녀와, "진짜 너무 멀어서 가
는 내내 죽는 줄 알았다."라는 글을 SNS에 쓰면 그냥 쓰자마자 사

라지는 글에 불과하지만, 표현만 조금 바꿔서 "강원도 근처에 사시는 분들에게 추천합니다."라는 식의 글을 쓰면 정보가 될 수 있고, 사람들에게 도움을 줄 수도 있어서 주변에 널리 퍼지게 된다.

같은 상황에 놓여도 이렇게 사람에 따라서 말과 글이 달라진다. 늘 주변에 기쁨을 주는 사람은 도움을 주려는 마음을 갖고 있으며, 이를 통해 자신도 양손에 기쁨을 가득 담게 된다.

"분노와 고통의 마음으로 쓰면

그 글은 일기에 불과하지만,

도움을 주려는 마음으로 쓰면

꼭 필요한 정보가 되어 세상에 널리 퍼진다."

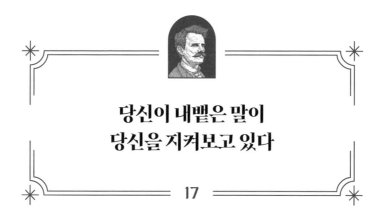

당신이 내뱉은 말이
당신을 지켜보고 있다

17

그대가 오랫동안 심연을 들여다볼 때,
심연 역시 그대를 들여다본다.

Friedrich Wilhelm Nietzsche

"선한 영향력을 전하며 살고 싶습니다."라는 생각은 참 훌륭하
다. 하지만 입으로는 그렇게 말하면서 영향력을 가지려는 노력은
전혀 하지 않고, '선한 영향력을 주고 싶다'라는 타이틀만 마케팅
포인트로 삼아 도움만 요청한다면 그런 시도는 잘될 가능성이 별
로 없다. 내가 심연을 들여다볼 때 심연도 나를 본다는 말은, 이 지

점에서 우리에게 이런 지혜를 준다.

　당신이 매일 내뱉은 말은 사라지거나 흩어지지 않고 하나로 뭉쳐져서, 매일 당신을 지켜보고 있다. 그저 한낱 구호에 불과했는지 혹은 흑심이나 다른 포석이 있어서 한 말인지 매일 섬세하게 당신의 삶을 지켜보고 있다. 살면서 가장 슬픈 일은 자신의 말을 제대로 지키지 못하는 모습을 자신에게 보여주는 것이다.

"모두를 속이고 배신하더라도,

자기 자신에게만큼은 진실을 선물하라."

그 물건의 노예가 아닌
주인이 되어라

18

알맞은 정도의 소유는 인간을 자유롭게 한다.
다만 도를 넘어서면 소유가 주인이 되고,
오히려 소유하는 자가 노예가 된다.

Friedrich Wilhelm Nietzsche

늘 문제는 기준을 제대로 정하는 것이다. 위의 3줄을 읽고 가장

먼저 어떤 생각을 했는가? 문장을 읽고 처음 든 생각이 곧 그 사람

의 수준을 보여준다. 본질을 파악하는 능력이 증명되는 순간이라

서 그렇다. 여기에서 본질은 바로 '알맞은'이라는 표현이다. '알맞

은'이라는 표현에는 기준이 없어서 각자 모두 다르다. 그럼 가장

먼저 "내게 알맞은 소유는 어느 정도인가?"라는 질문을 자신에게 던져야 한다.

　내게는 가장 합리적인 기준이 하나 있다. 옷을 예로 든다면, 실수로 옷에 상처를 내서 입을 수 없게 되었을 때 별 문제없이 버리고 다시 같은 걸 언제든지 살 수 있을 때 알맞은 소유라고 여기는 것이다. 물론 언제든지 버리고 다시 살 수 있다고 그 물건을 소홀히 여기거나 가볍게 여기라는 것은 아니다. 오히려 알맞은 정도의 소유를 하게 되면 그 물건에 애착을 가지게 될 가능성이 더 커진다. 그 물건의 노예가 아닌 주인이 되기 때문이다.

필사할
문장

"100억을 가진 사람의 노예가 되는 것보다

단돈 100원을 가지더라도

그 물건의 주인이 되는 게 아름답다.

그는 자유를 즐길 수 있는 사람이니까."

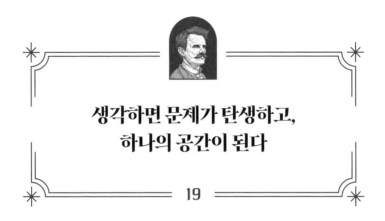

생각하면 문제가 탄생하고,
하나의 공간이 된다

19

많이 생각하는 모든 것들은
결국 문제가 된다.

Friedrich Wilhelm Nietzsche

문제가 무조건 나쁜 건 아니다. 세상에는 분명 '생각해볼 만한 문제'가 존재하기 마련이다. 그런 종류의 문제는 깊은 생각을 하는 사람의 일상에서만 탄생할 수 있고, 탄생 이후 그 문제는 하나의 '생각 공간'이 된다. 한 사람이 만든 공간이지만 이제는 수많은 사람이 함께 고민하는 곳이 되었기 때문이다. 이런 것들이 바로 그 주인공이다.

"플라스틱 빨대를 다른 걸로 대체할 수 없을까?"

"버려지는 음식을 최소한으로 줄일 수 없을까?"

이런 모든 문제는 한 사람의 깊은 생각에서 태어나 지금 하나의 생각 공간이 되었다. 생각의 공간을 창조하는 사람이 되려면 어떻게 해야 할까? 다빈치는 이렇게 조언한다.

"세상에는 세 종류의 사람이 있다. 스스로 보려는 사람, 보여주면 보는 사람, 보여줘도 안 보는 사람."

보려는 사람이 있는 반면 보여줘도 안 보는 사람도 있다. 창조하는 사람이 되고 싶다면 늘 자신이 특별한 장소에 있다고 생각하며 보려고 노력해야 한다. 한 번 생각할 것도 두 번 생각하고, 얕게 생각할 것도 깊이 생각해서 남들이 아직 찾지 못한 문제를 찾아, 세상에 꺼내 그것을 모두가 생각할 수 있는 하나의 공간으로 창조한다면, 우리의 삶은 더욱 아름다워질 것이다.

"나는 뭐든 좀 더 생각하는 사람이다.

그건 매일 새로운 문제를 창조해서

지혜롭게 해결한다는 사실을 의미한다."

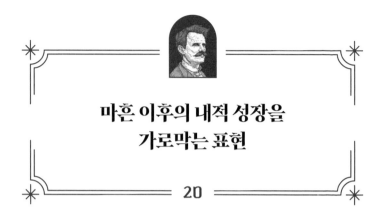

마흔 이후의 내적 성장을
가로막는 표현

20

세상에는 우리의 침울한 두 눈으로
발견할 수 있는 이상의 행복이 있는 법이다.

Friedrich Wilhelm Nietzsche

온라인에서 조금 불편한 글을 만나게 되면, "나만 이 글이 불편
한 거야?"라는 댓글을 쓰게 된다.

"나만 이렇게 생각해?"

"여기 나만 이상하게 느끼는 거야?"

온갖 이런 방식의 표현이, 마흔 이전에는 우리 삶에 큰 영향을

주진 않는다. 하지만 마흔 이후에는 많이 다르다. 마흔 이전에는 다양한 경험이 필요해서, 조심스럽게 다른 사람의 생각과 느낌을 묻는 이런 방식의 표현이 자신에게 도움이 될 수 있다. 하지만 마흔 이후에는 타인의 생각과 느낌을 묻는 표현이 아닌, '나의 확신'이 가득 녹아 있는 표현을 써야 한다. 그래야 내가 찾을 수 있는 희망의 크기를 늘릴 수 있다.

"이번 음식은 예전에 비해서 조금 싱겁다."

"이 글은 조금 읽기에 불편한 사람도 있겠다."

"와 좋아, 그 표현 정말 근사하다."

이렇게 확실하게 자신의 생각과 느낌을 담은 표현을 해야 그런 일상이 모여 자신에 대한 확신으로 이어진다. 그렇게 하지 않고 마흔 이전의 일상처럼, 늘 조심스럽게 타인의 의견을 묻고 자신을 자꾸만 숨기려고만 하면, 결국 무대 중심에 서지 못하고 변방만 떠도는 인생을 살게 된다.

"마흔 이후에는 상대의 평가를 기다리지 말라.

사소한 것 하나라도,

당신의 생각과 느낌에 대한 확신을 가져라."

하겠다는 마음이
모든 것을 이긴다

= 21 =

용기는 사람을 죽이지 않고,
더욱 강하게 만든다.

Friedrich Wilhelm Nietzsche

세상에서 가장 미련한 생각 중 하나가 바로 자신이 하는 일에
미래가 없다고 단언하는 것이다. 각도만 조금 바꾸면 얼마든지 다
르게 생각할 수 있기 때문이다. 나는 책이 읽히지 않는 시대라고
푸념한 적이 한 번도 없다. 대신 이런 고마운 마음을 갖고 산다.
"오히려 책이 팔리지 않으니, 뛰어난 사람들이 다른 분야로 가서 나처럼 부족한 사람도 글을 쓰며 살지. 나한테 좋은 기회를 줘서 고맙다." 환경과 상관없이 고마운 마음으로 살면, 그냥 모든 게 다 사랑스럽고 감사하다. 마찬가지로 나는 경기도, 입지도 별로 상관이 없다고 생각한다.

동네에 한국 최고의 빵집이 있다. 위치는 대규모 재개발 공사 현장 바로 옆이다. 사람이 잘 다니지 않는 곳이지만, 오픈 후 10분 안에 찾아가지 않으면 원하는 빵을 사기 매우 어렵다.

내가 24시간 내내 글만 생각하며 사색하듯, 빵집 주인 역시 내내 빵만 생각한다. 빵을 파는 시간보다 문을 닫고 연구하는 시간이 더 길다. 그러니 어디에서든 자신을 빛낼 수밖에. 하겠다는 마음은 매우 힘이 세다. 그들의 하루는 다르기 때문이다. 나는 글을 쓰면서도 삶을 잊은 적이 없고, 살면서도 글을 잊은 적이 없다. 그래서 어떤 시대가 찾아와도 나는 웃으며 반길 수 있다.

"나쁜 경기와 입지는 있을 수 있지만,

하겠다는 마음이 그 모든 것을 이긴다.

당신도 물론 가능하다."

도덕과 정의는
소수의 자산이다

22

인간은 나무가 성장하는 모습과 닮았다.
나무가 밝은 쪽으로 높이 올라갈수록
나무의 뿌리는 점점 강하게 땅속 아래,
가장 어두운 곳을 향해 내려간다.

Friedrich Wilhelm Nietzsche

이런 내용의 기사가 매일 끊이지 않고 쏟아진다.

- 정치인 일가 비리 현황 총정리

- 경찰 '사교육 카르텔·부조리' 수사

- 공무원 건축 비리, 군납 비리 끝이 없어

사람들은 "어떻게 그럴 수 있냐?"라며 놀라지만, 사실 놀랍지도 않다. 나는 굳이 비난을 저지른 그들을 비난하거나, 세상이 공평하지 않고 정의가 죽어간다고 외치지 않는다. 이유는 간단하다. 도덕과 정의는 원래 고귀한 것이라 모두의 것이 아니기 때문이다. 또한, 그것들은 남에게 요구할 것이 아니라, 내가 나 스스로에게 요구해야 하는 것들이다. 내가 도덕적이고 내가 정의롭다면, 그 한 사람이 모여 세상도 그렇게 바뀌는 거니까.

다른 사람들을 평가하느라 자신의 아까운 시간을 낭비하지 말라. 또한, 도덕과 정의라는 위대한 가치를 아무에게나 요구하지 말라. 나무가 성장하는 이치와 사람의 성장하는 이치가 유사한 이유는, 높이 성장할수록 그 밑에는 어둡고 더러운 것이 공존하기 때문이다. 그런 현실을 우리는 살고 있다. 다만 인간은 지성을 갖고 있기에 자신의 정신과 내면을 정화할 수 있다. 그러니 당신의 그 귀한 시간을 자신의 정화를 위해 사용하라.

"늘 자신을 보라.

바깥을 보면 분노할 것만 보이지만,

자신을 보면 바꿀 수 있는 것들이 보인다.

세상은 그렇게 나로부터 조금씩 나아지는 것이다."

김종원의 세계철학전집
✕
니체 for 인생

2장

지금 네 곁에 있는 '사람'

Friedrich Wilhelm Nietzsche

좀 더 생각하는 사람이
좀 더 위험하다

23

인간이 두려워하는 것은 가난이나 권태가 아니다.
영문도 모른 채 맹목적으로 반복되는 일이다.

Friedrich Wilhelm Nietzsche

생각하는 사람은 위험하다. 그는 누구도 시작하지 못한 일을 과감하게 시작하며, 그 결과까지 멋지게 보여주기 때문이다. 그들은 늘 파격적이지만 안정적이다. 파격과 안정이 공존할 수 있는 이유는 단 하나, 그들이 24시간 생각하는 사람들이기 때문이다. 만약 당신이 영문도 모른 채 맹목적으로 무언가를 반복하며 살고 있다면, 당장 그 안에서 벗어나기 위해 아래의 5가지 조언이 가슴에 담길 때까지 낭독하고 필사해야 한다.

1. 상대는 많고 나는 적다면 생각을 시작하라.
2. 누군가 나를 억압하려고 하면 생각을 시작하라.
3. 어지러운 세상에서 진실을 알려면 생각을 시작하라.
4. 사람들 사이에서 존재 가치를 알려면 생각을 시작하라.
5. 희생으로 인생을 끝내고 싶지 않다면 생각을 시작하라.

당신은 다른 사람을 따라 살 수도 있고, 자기만의 삶을 살 수도 있다. 당신이 어딘가에서 이 세상의 그 어느 것보다 지독하게 차별을 받고 있다면 항의와 반발을 하기 전에 생각을 시작하라. 나는 세계를 바꾸려 하지 않았다. 다만 늘 생각을 시작한다.

"무력이 이끄는 생각은 처참하다.

생각이 이끄는 무력이 필요하다."

관통한 지식만이
나의 지식이다

24

사람은 자기가 극복해온
일들만을 말해야 한다.

Friedrich Wilhelm Nietzsche

그게 무엇이든 아직 스스로 극복하지 못했다는 사실은 아직 관통하지 못했다는 것을 의미한다. 그 안에 무엇이 존재하며 어떤 것들로 이루어져 있는지 모르는 상태이기도 하다.

모르는 상태에서 무언가를 말하기 시작하면 스스로 경험하지 못한 단어와 표현이 나올 것이며, 실제로 경험할 기회를 놓치게 될 가능성이 높아진다. 제대로 알기 전에 입으로 나오는 모든 것들은 오히려 자신을 망치므로 조심하는 게 좋다.

"스친 것만으로는 알 수 없다.

관통해서 극복해야 비로소

그것에 대해서 말할 자격을 갖게 된다."

운명까지 바꾸는
최고의 질문

25

한낮의 빛이 어둠의 깊이를
어찌 알 수 있겠는가.

Friedrich Wilhelm Nietzsche

질문하는 방식을 보면 그 사람의 내면의 깊이와 지적 수준을 동시에 알 수 있다. 한 사람이 던진 질문은 그 사람의 내면과 그간 쌓은 지성의 밀도를 그대로 보여주기 때문이다. 수준에 따라 질문은 이렇게 나뉜다.

1. 최악의 질문: 질문이 전혀 없는 삶을 사는 사람

2. 보통의 질문: 남에게 질문을 하는 사람

3. 위대한 질문: 자기 자신에게 질문하는 사람

누군가 풀리지 않는 문제에 대한 정보를 주면, 2번의 사람은 자꾸 타인에게 이렇게 묻는다. "그 방법, 저도 활용이 가능할까요?" 그는 평생 어떤 정보를 얻어도 그걸 자신의 문제를 푸는 데 활용하지 못한다. 하지만 3번의 사람은 이렇게 자기 자신에게 묻는다. "이걸 내 삶에서 활용하려면 어떻게 해야 할까?" 운명까지 바꾸는 최고의 질문은 어렵지 않다. 누군가에게 지식과 정보를 들었으면 이제 활용법을 찾기 위해 자기 자신에게 끝없이 질문하는 것이다. 이건 어떤 분야에서든 단 1%의 인생을 살고 있는 사람에게서 나타나는 공통적인 현상이다. 왜 자신의 문제를 잘 모르는 타인에게 묻는가? 왜 자신이 잡아야 할 가장 중요한 운전대를 타인에게 자꾸 맡기려고 하는가?

"듣고 배웠다면,

이제 자기 자신에게 질문하라.

네 안에 모든 답이 존재한다."

너무 강한 신념은
나쁜 욕망과도 같다

26

강한 신념이야말로 거짓보다
더 위험한 진리의 적이다.

Friedrich Wilhelm Nietzsche

　보통의 상황에서 신념을 유지한다면 그건 대단한 일이지만, 당연히 변해야 할 지점에서까지 신념을 유지한다는 것은 발전이 없는 사람이라는 사실을 증명할 뿐이다. 진리는 간단하지 않다. 늘 맞는 것도 아니며 상황에 따라 다르게 움직인다. 하지만 강한 신념의 소유자는 늘 하나만 바라보며 그게 정답이라 단정한다.

판단이나 짐작도 아니고, 그냥 무조건 단정하면서 다른 이야기는 아예 듣지 않고 산다. 그렇게 그들은 강한 신념을 가졌다는 이유로 평생 진리의 근처에도 가지 못하게 된다. 강한 신념이란 차라리 욕망과도 같다. 그들은 욕망의 변방에서 진리를 오류라고 여기며 산다.

필사할
문장

"세상에 변하지 않는 것은 없다.

변하지 않는다면 그건 욕망일 뿐이다."

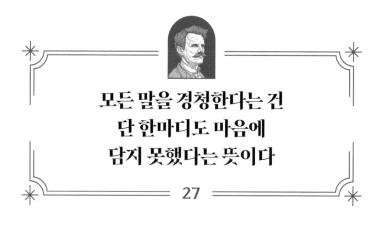

모든 말을 경청한다는 건 단 한마디도 마음에 담지 못했다는 뜻이다

27

간단히 말해서, 음악이 없는 삶은 잘못된 삶이며,
피곤한 삶이며, 유배당한 삶이기도 하다.

Friedrich Wilhelm Nietzsche

왜 수많은 사상가와 창조가들이 음악을 즐기라고 조언하는 걸까? 그건 경청의 진짜 가치와도 닮았다. 경청이란 상대가 하는 모든 이야기에 귀를 기울이는 것을 말하지 않는다. 모든 말에 귀를 기울인다는 것은 한마디도 마음에 담지 못했다는 사실을 의미한다. 아무런 생각도 없이 그저 무의식적으로 듣기만 한 것이다.

삶도 그렇다. 열심히 산다는 것은 무작정 쉬지도 않고 뛰는 일상을 말하지 않는다. 그건 방향도 목적도 없이 사는 슬픈 현실을 증명할 뿐이다. 음악이 존재하는 삶을 살아야 한다고 말하는 이유는, 방향과 목적을 분명히 알고 사는 사람은 들어야 할 한마디가 무엇인지 알기 때문에 중간중간 자신에게 휴식을 허락하며 음악을 즐길 줄 알기 때문이다.

필사할
문장

"제대로 경청하라.

100마디 말을 다 들으라는 게 아니라,

들을 가치가 있는 한마디 말을

100번 되풀이해서 곱씹으라는 말이다."

나만
나를 구원할 수 있다

28

악인에게는 자신을 증오한다는 공통점이 있다.
자신을 미워하고 있기에 나쁜 짓을 한다.

Friedrich Wilhelm Nietzsche

늘 주변에 나쁜 일이 끊이지 않는 사람이 있다. 그들은 언제나
주변 사람들을 탓한다. 하지만 문제는 언제나 그들 자신에게 있다.
주변에 분쟁이나 다툼이 끊이지 않는다면 늘 이런 의문을 가질 필
요가 있다.

"나는 나를 사랑하고 있는가?"

"나는 내 모든 것에 만족하는가?"

세상을 증오하는 악인은 정작 자기 자신을 가장 많이 증오한다. 그게 넘치고 흘러서 타인을 향한 미움이나 비난이 되는 것이다. 삶이 힘들고 지친다면 늘 자신을 보라.

필사할
문장

"내가 힘든 이유는 모두 내게 있다.

나만 나를 구원할 수 있다."

호기심이 끝나면
부부 생활도 끝난다

29

부부 생활은 길고 긴 대화와도 같다.
결혼 생활에서 다른 모든 것은 변하지만,
함께 있는 시간의 대부분은 대화에 속한다.

Friedrich Wilhelm Nietzsche

30년을 함께 살아도 부부 사이가 좋은 경우가 있는 반면, 30일
도 되지 않아 관계가 틀어지는 경우도 있다. 결정적인 차이는 어
디에 있는 걸까? 바로 대화에 있다. 부부 사이가 좋은 사람들은 늘
서로에게 이렇게 묻는다.

"오늘 뭐 할 예정이야?"

"어제 뭐 했어?"

부부 사이가 좋은 사람들은 늘 서로의 하루에 대한 호기심을 갖는다. 이 2가지 질문을 서로에게 들려주며 얻은 답을 통해 늘 행복하게 대화를 이어나간다. 행복한 부부는 늘 서로의 하루를 궁금해 하며, 호기심을 갖고 다가가 늘 좋은 마음을 말로 표현한다.

필사할
문장

"말이 통하지 않으면 함께 살 수 없다.

서로에 대한 호기심을 잃지 말라.

호기심이 사라지면 마음도 함께 사라진다."

더 많은 사람의 기쁨을 위해
더 생각하고 투자하라

30

괴물과 싸우는 사람은 그 과정에서
자신마저 괴물이 되지 않도록 주의해야 한다.

Friedrich Wilhelm Nietzsche

괴물은 다른 곳에 있지 않다. 인식하지 못하지만 우리 주변 곳곳에 가득하다. 글을 쓸 때도 마찬가지다. 예를 들어서 80명에게 행복을 줄 수 있는 글이지만 반대로 20명에게 불행을 주게 될 때, 80명의 행복을 위해 20명은 어쩔 수 없이 희생을 해야 한다고 말할 때, 우리의 내면에도 괴물이 조금씩 자라기 시작한다.

물론 생각은 모두 다르겠지만, 다수가 행복할 수 있다는 말이 소수가 불행해도 된다는 사실을 의미하진 않는다. 스스로 괴물이 되지 않으려면 최대한 더 많은 사람에게 좋은 마음을 전하기 위해 이미 완성한 글이나 콘텐츠를 과감히 삭제하고, 다시 시간을 투자해서 더 나은 것을 만들 시도와 각오 정도는 해야 한다.

"입으로 아무리 외쳐도 좋은 세상은 오지 않는다.
스스로 노력하고 분투하지 않으면 어떤 변화도 없다."

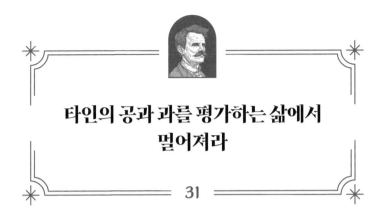

타인의 공과 과를 평가하는 삶에서
멀어져라

31

> 곤충은 내면에 나쁜 마음을 품고 있어서가 아니라,
> 살아야 한다는 본능 때문에 사람의 살을 찌르는 것이다.
> 평론가도 다르지 않다. 평론가에게 필요한 건 단지
> 우리의 살 속에 있는 '피'다. 목적이 거기에 있으니
> 그들에게 우리의 고통 따위는 아무런 문제가 되지 않는다.
>
> Friedrich Wilhelm Nietzsche

누군가 세상에 나타나 자신의 이름을 알리기 시작하면 이런 이야기가 나돌기 시작한다. "저 사람의 공(功)은 무엇이고, 과(過)는 무엇이냐?" 그러면서 공이 있으면 과도 있는 것이니, 이해를 해줘야 한다고 주장하거나 설득한다. 때로는 반대로 아무리 공이 있어도 과가 너무 심하니 비난할 수밖에 없다고 평가하기도 한다. 그

런데 정신을 바짝 차리고 그 풍경을 감상하면 이런 새로운 사실을 하나 발견할 수 있다. 공이든 과든, 아무것도 해낸 것이 없는 사람들이 타인의 공과 과를 판단하고 평가한다는 사실이다. 곤충이 본능 때문에 살을 찌르는 모습과 매우 유사하다.

　물론 평가도 중요하다. 그런데 그건 이미 헤아릴 수 없는 수많은 평론가들이 열심히 하고 있다. 그런데 열심히 하지 않고 있는 게 하나 있으니, 공이든 과든 뭐라도 하나를 얻으려고 분투하는 것이다. 어제보다 오늘 조금이라도 나아지고 싶다면, 남들이 하지 않는 것을 하면 된다. 공이든 과든 상관없으니, 지금 그대 자신을 위해 뭐든 시작하라.

필사할
문장

"입으로만 떠든 것들은 당신의 것이 아니다.
움직여서 제압하고 쟁취하라."

진실한 사람은
언제 어디에서나 차분하다

32

분개한 사람만큼
거짓말에 능한 사람은 없다.

Friedrich Wilhelm Nietzsche

가장 무서운 사람은 원하는 것을 이루기 위해서 뭐든 할 수 있는 사람이다. 거기에서도 가진 것이 없어서 잃을 것도 없는 사람이 분노할 때, 우리는 세상에서 가장 악독한 거짓말의 창조자를 만날 수 있다. 사실에 근거해서 말해야 한다는 아주 기본적인 사항조차 무시하며 못된 감정이 이끄는 말만 내뱉기 때문이다.

지금 누군가 분개하고 있다면 그들이 하는 말 중에서 감정이 섞인 것과 아닌 것을 먼저 구분하라. 99% 이상의 말이 진실이 아닌 것들로 채워져 있을 가능성이 높다. 이유는 간단하다. 진실을 말하는 자는 결코 분개하지 않기 때문이다.

필사할
문장

"거짓은 자신을 이용하려는 자를 분개하게 하지만,

진실은 자신을 품은 자에게 평온한 마음을 선물한다."

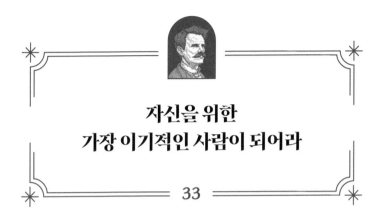

자신을 위한
가장 이기적인 사람이 되어라

33

홀륭한 사람이 저지른 잘못은 존경할 만한 가치가 있다.
평범한 사람의 진실보다 더 유익하기 때문이다.

Friedrich Wilhelm Nietzsche

수준 높은 실패는 모두의 것이 아니다. 세상이 계속 낮은 수준의 실패로 우리를 인도하기 때문이다. 이 사실을 늘 기억해야 나아질 수 있다. 지적인 수준이 낮은 사람은 당신을 붙잡기 위해서 단점까지도 장점이라 말하며 칭찬할 것이다. 이런 상황에서 이루어지는 대처가 중요한 이유는, 사람은 결국 그런 대응에 따라서 바뀌는 존재이기 때문이다.

 글을 쓰거나 말을 할 때 우리는 늘 실수하게 된다. 하지만 실수와 실패가 두려워서 그런 삶을 멈춘다면 우리는 어떤 것도 이루지 못하게 될 것이다. 정답과 진실은 전혀 중요하지 않다. 당신의 삶이 원한다면, 진실로 추구하는 그것이 찬란하게 빛난다면 주변 이야기는 가볍게 스치고, 끝까지 가라.

필사할
문장

"자기 자신을 위한

세상에서 가장 아름다운

이기적인 사람이 되어라."

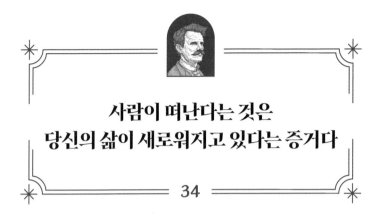

사람이 떠난다는 것은
당신의 삶이 새로워지고 있다는 증거다

34

우리의 운명은 우리가
아직 그것의 본성을 배우기 전부터,
우리에게 영향력을 미친다.

Friedrich Wilhelm Nietzsche

운명에서 벗어나는 건 참 어려운 일이다. 무언가를 계속해서 생산하고 제공하는 사람들은 필연적으로, 주변 사람들과의 이별을 자주 경험하게 된다. "그렇게 말하셨다니, 제가 당신을 잘못 알고 있었군요." 그러나 이런 식의 이야기를 듣고 이별을 통보 받았다면, 오히려 축하할 일이라고 볼 수 있다. 무언가를 창조해서 한 사람이

등을 돌렸다면, 반대로 다른 통로에서 당신을 만나기 위해 한 사람이 기다리고 있다는 사실을 의미하기 때문이다. 나를 좋아하는 사람이 열이면, 반대로 나를 싫어하는 사람도 열이다.

여기에서 가장 중요한 사실은 어차피 빠질 머리카락은 어떤 수를 써도 빠지듯, 떠날 사람은 시간이 지나면 자연스럽게 사라지지만, 만날 사람은 오래된 나에게 이별을 고하고 새로운 세상으로 나가지 않으면 영영 만날 수 없다는 것이다. 그게 바로 지금 누군가가 당신을 떠났다면, 오히려 그게 기뻐할 일이라는 이유의 전부다.

주어진 운명을 거절하고 원하는 하루를 살고 싶다면, 세상에 결코 나쁘기만 한 일은 없다는 사실을 기억해야 한다. 힘든 일이 일어났다는 것은, 무언가 아름다운 일이 탄생하고 있다는 증거일 때가 많다. 좋은 것을 보며 정진해서 걸어가면, 반드시 더 스스로 원하는 자신을 만날 수 있다. 그냥 주어진 오늘을 살지 말라. 자신이 원하는 오늘을 살라.

"우리는 언제나 오래된 나를 떠나야 한다.

어제의 나를 버리지 못하고서는

오늘의 나를 만날 수 없다."

인생의 모든 순간은
다 공평하게 중요하다

35

> 위대한 인간이란 역경을 극복할 줄 아는 동시에
> 그 역경을 사랑할 줄 아는 사람이다.
>
> **Friedrich Wilhelm Nietzsche**

세상에는 '위대하다'라는 단어가 있다. 모두가 갖길 원하지만 힘들어서, 혹은 방법을 몰라서 쟁취하지 못하는 단어다. 그렇다면 위대함은 과연 어디에서 오는가? 그리고 어떤 사람이 위대한가? 또 사람들은 어째서 그를 위대하다고 하는가? 무엇이 그를 위대하게 보이게 하는가? 답은 성실성에 있다. 우리가 누군가를 위대하다고 생각하는 이유는 다음 3단계로 진행된다. 그가 자기 자신에 대한 성실함을 일생 동안 변함없이 보여주었기 때문에, 그 과정이 그를 위대하게 만들었으며, 대중으로 하여금 위대하게 보이게 하는 것이다.

성실하려면 어떤 자세를 가져야 할까? 그 일이나 대상이 작거나 초라하더라도, 크고 거대한 것과 차별해서는 안 된다. 늘 그 이면을 바라보며 숨겨진 가치를 찾아서 공평하게 대해야 한다. 책을 읽는 시간도 중요하지만, 읽지 않는 시간 역시 중요한 이유는 다른 것을 읽고 있는 시간이기 때문이다. 인생은 모든 순간이 다 공평하게 중요하다. 무언가 하는 것도 선택이지만, 무언가를 하지 않는 것도 선택이다. 마찬가지로 반드시 해야 할 하나를 지금 시작하는 것도 중요하지만, 반드시 버려야 할 하나를 지금 버리는 일도 공평하게 중요하다.

"숨겨진 가치를 찾아 공평하게 성실하라.

성실한 삶을 통해 누구든 위대해질 수 있다."

부부는 결코
하나가 될 수 없다

36

결혼은 하나가 되기 위한 두 사람의 의지다.
그러므로 부부는 힘들 때 같이 있어주는 사람이다.

Friedrich Wilhelm Nietzsche

부부가 자주 다투고 싸우는 이유는 하나가 되려고 하기 때문이다. 니체의 조언을 제대로 파악해야 한다. 하나가 되려는 의지를 갖고 있기 때문에 모든 싸움이 일어나니, 그저 함께 고통을 견디고 슬픔을 나누는 것으로 만족하며 살라는 말이다.

결혼을 했다고 하나가 되어 살 필요는 없다. 오히려 서로가 다른 사람이라는 사실을 인정하면, 이후로 조금은 더 편안한 시선으로 상대를 바라볼 수 있게 된다. 지금부터는 부담을 조금 내려놓고 다름을 인정하겠다는 마음으로 서로를 바라보라.

"억지로 하나가 되려고 노력하지 말라.

힘들 때 같이 있어주는 것으로 충분하다."

모두에게 강한 사람이
진짜 강한 사람이다

37

선에도 강하고 악에도 강한 것이
가장 강력한 힘이다.

Friedrich Wilhelm Nietzsche

　사람이 특별한 이유는 다양한 상황에서 다양하게 생각하고 판단할 수 있기 때문이다. 하지만 어떤 성향에 따라서 진실과 거짓이 아닌, 그렇게 결론을 내고 싶다는 욕망에서 생각을 시작하면 그 인생은 아무리 오래 살아도 더 나아질 가능성이 매우 낮다.

오직 사실만 바라보며 생각을 시작하는 사람이 선에도 강하고 악에도 강할 수 있다. 사실을 보려는 마음이 스스로에게 용기를 주며, 판단에 있어서도 흔들리지 않고 중심을 꽉 잡고 있기 때문이다. 단언컨대, 세상에서 가장 강한 사람은 주변으로부터 자신을 지킬 수 있는 사람이다.

필사할
문장

"모두에게 공평하게 적용할 수 있어야
진정한 원칙이자 철학이라 말할 수 있다."

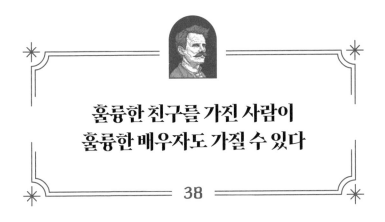

훌륭한 친구를 가진 사람이
훌륭한 배우자도 가질 수 있다

38

훌륭한 친구를 가진 사람은 반드시 훌륭한 아내(남편)를 얻는다.
부부 사이를 좋게 만드는 재능과
친구 사이를 좋게 만드는 재능은 같기 때문이다.

Friedrich Wilhelm Nietzsche

좋은 친구를 가진 사람들을 보면 대부분 좋은 아내(남편)를 가지고 있다. 친구의 숫자는 별로 중요하지 않다. 단 한 사람의 친구라도 자신에게 좋은 영향을 준다면 그 자체로 이미 훌륭한 친구이기 때문이다.

모두에게 좋은 배우자는 없다. 자신에게 잘 맞아서 그게 훌륭한 관계로 이어질 뿐이다. 그러므로 좋은 배우자를 만나고 싶다면 친구를 사귀는 것부터 신경을 쓸 필요가 있다. "나와 꼭 맞는 친구는 어떤 사람일까?"라는 질문을 하면서 좋은 친구를 찾아내는 안목을 기르면 된다.

필사할
문장

"모두에게 좋은 친구나 배우자는 없다.

찾을 수 있는 안목을 가진 사람만이

자신에게 가장 잘 맞는 사람을 만날 수 있다."

유독 자신을 낮추는
사람의 특징

39

더는 자랑스럽게 사는 것이 가능하지 않을 때,
사람이라면 자랑스럽게 죽음을 선택해야 한다.

Friedrich Wilhelm Nietzsche

자랑스럽게 산다는 건 과연 어떤 삶을 말하는 걸까? 주변을 보면 유독 자신을 낮추고 거의 비하하는 듯 말하거나 글을 쓰는 사람이 있다. 그러나 그들의 내면을 살펴보면 자신의 말과 글처럼 실제로 자신을 낮추어 생각하지 않는다. 오히려 그 반대일 경우가 많다. 자존심이 매우 강하고 고집이 세서 조금만 오해할 수 있는 표현을 해도 가만히 있지 않는다. 그런데도 그들이 그런 식의 표현으로 굳이 자신을 낮추는 이유는, 자신이라는 존재에 대한 믿음이 매우 약하기 때문이다.

고집이 세다는 게 반드시 철학이 있거나 분명한 의견을 갖고 있다는 사실을 증명하는 건 아니다. 오히려 반대로 자신의 모든 것을 믿지 못해서 괜한 고집을 부리는 경우도 많기 때문이다. 그래서 그들은 일이 제대로 되지 않거나 풀리지 않을 때, 타인이 자신을 낮추어 표현하는 모습을 감당할 수 없기 때문에, 스스로 미리 자신을 낮춰서 그럴 여지를 허락하지 않는다. 선수를 치는 거라고 볼 수 있다. 이런 형태의 말과 행동은 무엇보다 자기 자신에게 최악이다. 니체가 그들에게 차라리 죽음을 선택하라는 직언을 한 이유는 실제로 죽으라는 게 아니라, 그렇게 사는 것은 실제로 죽은 삶과 다르지 않으니 당장 정신을 차리라는 것이다.

"무엇보다 자신의 말과 행동을 믿어라.

그래야 좀 더 자랑스러운 하루를 보낼 수 있다"

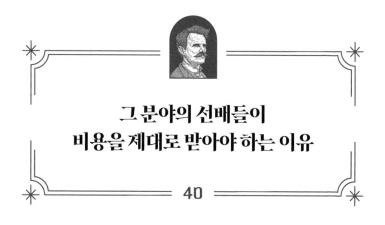

그 분야의 선배들이
비용을 제대로 받아야 하는 이유

40

함께 침묵하는 것도 멋진 일이다.
그러나 더 멋진 일은 함께 웃는 것이다.
두 사람 이상이 함께 동일한 체험을 하고
함께 감동하고 울고 웃으며
같은 시간을 함께 살아간다는 것은 너무도 멋진 일이다.

Friedrich Wilhelm Nietzsche

많은 사람이 살면서 같은 경험을 해봤을 것이다. "많이 드리고 싶지만 사정이 있어서요.", "이번에만 이 정도로 해주실 수 있을까요?" 그런 부탁을 받고 거절하는 건 쉽지 않다. 나도 처음에는 그랬다. 침묵했다고 표현할 수도 있다. 규칙으로 정한 금액보다 많이 적어도 좋은 마음으로 멀리 가서 강연을 하고 글을 쓰는 것이 사명감이라고 생각했다. 하지만 그건 사실이 아니었다. 상대에게 싫은 말을 하고 싶지 않고, 돈만 밝히는 작가가 되고 싶지 않았던 것이다. 그 사실을 깨닫고 이제 나는, 정말 좋은 마음을 주는 10% 정도만 예외로 하고, 거의 내가 정한 원칙을 깨지 않는다.

내가 가격을 내려서 강연을 가고 글을 쓰면, 평소에 그 가격을 받고 강연을 하고 글을 쓰던 후배 강사와 작가가 설 무대가 사라진다. 나는 싫은 이야기를 하기 싫고 그저 좋은 마음으로 갔을 뿐인데, 나도 모르는 사이에 그들의 일을 빼앗는 꼴이 된 것이다. 모두가 침묵하는 것도 좋은 일이지만, 모두가 웃을 수 있게 하려면 선배나 경험이 많은 자의 희생이 필요하다. 그게 결국에는 모두가 함께 나아지는 선택이기 때문이다.

필사할
문장

"세상이 조금이라도 나아지려면
누군가의 조용한 희생이 필요하다."

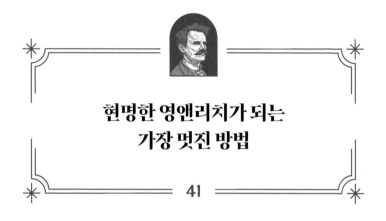

현명한 영앤리치가 되는
가장 멋진 방법

41

오늘날에는 언제나
저급한 음악만 돈이 된다.

Friedrich Wilhelm Nietzsche

그때도 마찬가지였다. 물론 다 그런 건 아니지만, 돈이 되는 음악에서 클래식의 가치를 찾기는 쉽지 않다. 하지만 니체의 말이 과연 그런 방향을 말하는 것일까? 이 부분을 제대로 파악해야 한다. 그는 돈이 되는 저급한 음악을 경시하라는 것이 아니라, 오히려 반대로 돈을 벌고 싶다면 그런 음악을 하라는 조언을 하는 것이다. 괜한 폼만 잡으며 현실에서 멀어지지 말고 대중에게 좀 더 가까기 다가가라는 조언을 던진 셈이다. 그럼 대중에게 좀 더 가까이 다가서려면 어떻게 해야 할까? 지금 우리에게 필요한 건 바로 '영 앤 리더(reader)'와 '영 앤 씽커(thinker)'가 되어야 한다는 사실이다. 이유는 간단하다. 평생을 원하는 대로 살기 위해서는, 생각하며 읽을 줄 알아야 하기 때문이다. 그래야 대중의 마음과 심리를 더욱 섬세하게 파악할 수 있다.

여기에서 매우 중요한 사실이 하나 더 있다. 내가 말하는 리더란, 책만 읽는 사람을 말하는 게 아니다. 리더는 책만 읽는 사람이 아니라, 책도 읽는 사람이다. 중요한 건 '세상과 대중을 읽는 사람'이 되는 것이다. 책은, 읽을 수 있는 것 사이에서 가장 간단하고도 쉬운 것 중 하나일 뿐이다. 자연과 사람, 지나가는 햇살 한 줄기에서도, 우리는 무언가를 읽어낼 수 있다.

"책만 읽는 리더에서 벗어나,

세상을 읽는 사람이 되어야 한다."

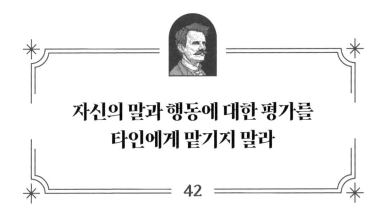

자신의 말과 행동에 대한 평가를
타인에게 맡기지 말라

42

타인의 생각에 의지하는 것으로는
자기 세상을 주도할 수 없다.

Friedrich Wilhelm Nietzsche

누군가에게 어떤 정보를 주거나 도움이 될 정보를 준 후에, 늘
이게 오지랖인지 아닌지를 걱정하는 사람들이 있다. 그래서 주변
지인에게 상황을 설명하고 이렇게 의견을 묻곤 한다.

"나 이거 오지랖이었나?"

"내가 좀 선을 넘은 게 아닌가?"

"그 사람이 이상하게 생각하는 건 아니겠지?"

이제는 그러지 말자. 당신의 말과 행동을 왜 타인이 판단을 하는가? 스스로 오지랖이 아니라고 생각한다면 당당하게 말하고 행동하면 되는 거다. 누구보다 나를 잘 아는 사람은 나 자신이다.

자신을 과대평가하는 것도 위험한 일이지만, 그보다 더 위험한 건 자신을 과소평가하는 것이다. 전자는 구제할 수 있지만 후자는 스스로 늪에 빠지기 때문에 구할 수 없다. 자신이 한 말과 행동에 대해서 너무 심각하게 고민하지 말라. 좋은 것을 줬다고 생각한다면 이미 그렇게 되었다고 생각하며 빠르게 잊고 돌아서는 게 서로를 위해 좋다.

"사소한 것 하나라도 스스로 평가하라.

자기만의 세상은 스스로 평가한

작은 조각이 모여 탄생한다."

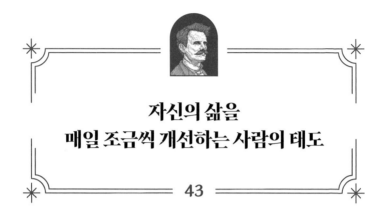

자신의 삶을
매일 조금씩 개선하는 사람의 태도

43

삶의 개선이란 무언가가
좋지 않다고 느낄 수 있는
사람들에 의해서만 만들어질 수 있다.

Friedrich Wilhelm Nietzsche

아무리 불경기라고 해도 삶이 조금씩 나아지는 사람들은 분명
존재한다. 분야는 모두 다르겠지만, 그들에게는 이런 공통점이 있
다. "내가 패배라고 인정하지 않는 이상, 세상은 나를 파멸시킬 수
없지. 나는 다시 시도할 테니까!" 그들의 삶에는 불경기란 존재하
지 않는다. 실패 역시 없는 단어다. 난 불경기임에도 이것저것 뭐

든 시도하는 사람을 좋아한다. 그들의 성장과 성공을 확신하기 때문이다. 이유는 간단하다. 환경이나 시기가 좋지 않아도 이것저것 하다보면 실수로라도 성공하게 된다.

우습지만 피할 수 없는 진실이기도 하다. 또한, 이것 하나도 분명하다. 따지며 안주하는 사람에게는 그런 운조차 찾아오지 않는다. 세상의 불경기는 있을 수 있어도, 내 삶의 불경기는 존재하지 않는다. 그러니 뭐든 된다고 생각하며 시도해보라. 당신의 시도 안에 모든 기적과 천재성이 녹아 있다.

필사할
문장

"이것저것 계속 해보라.
그럼 실수로라도 성공하게 된다."

김종원의 세계철학전집
✕
니체 for 인생

3장

농밀하게 보내는 '시간'

Friedrich Wilhelm Nietzsche

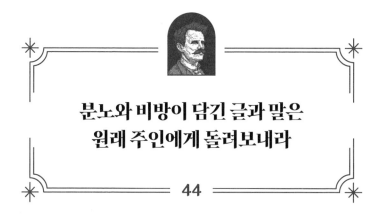

분노와 비방이 담긴 글과 말은
원래 주인에게 돌려보내라

44

타인에 대한 비판과 험담은 껍데기만 있을 뿐
사실이라는 알맹이가 없다.

Friedrich Wilhelm Nietzsche

악플과 온갖 비방의 글과 말에 굳이 신경을 쓸 필요가 없는 이
유는, 그 안에 어떤 사실도 없기 때문이다. 그는 그저 자신의 분노
를 주체하지 못해서 어떻게든 당신에게 화를 표출한 것에 불과하
다. 분노와 화라는 감정을 빼면 아무것도 남지 않는 말과 글에 굳
이 연연할 필요는 없다.

이렇게 생각하면 그들을 시원하게 보낼 수 있다.

"금방 사라질 글과 말을 하느라,

굳이 자신의 아까운 시간을 허비하네."

그게 글이라면 삭제를 하고 말이라면 바람처럼 스쳐라. 남길 가치가 없는 말과 글에 굳이 내 시간을 소비할 필요는 없다.

"사실이 아닌 감정만 녹아 있는 글과 말에

하나하나 연연하지 말고 시원하게 돌려보내자."

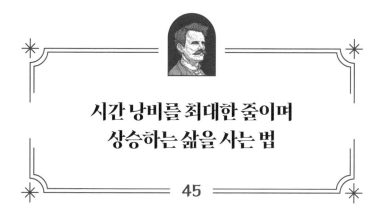

시간 낭비를 최대한 줄이며
상승하는 삶을 사는 법

45

위대해지려면
방향을 결정해야 한다.

Friedrich Wilhelm Nietzsche

누구나 상상을 한다. 다만 방향을 제대로 정한 상상은 창조로
이어지고, 방향이 없는 상상은 공상에 머물게 된다. 사람 자체가
위대해서 무언가를 창조하는 게 아니라, 방향을 제대로 설정한 덕
분에 자신이 가진 힘과 재능을 모두 한 방향에 담을 수 있어서 좋
은 결과를 만드는 것이다. 누구나 그런 삶을 살 수 있다. 다만 다른

사람에게 쏟는 시간을 줄일 수 있다면 말이다.

다음에 소개하는 말을 그대로 따라서 살면 가능하다. 나는 누군가를 미워할 여유가 없다. 굳이 오해할 여유도, 그를 의식하며 신경을 쓸 여유도 없다. 나는 나를 위해 쓸 시간도 없다. 나를 힘들게 하는 너에게 내 시간을 조금도 쓸 수 없다. 나는 내게 있는 모든 여유를 나 자신에게만 줄 것이다.

필사할
문장

"자신에게 주어진 시간을 자신에게만 주라.

그 모든 시간을 삶의 방향을 결정하는 데 써라."

애를 써서 받은 사랑은
나의 것이 아니다

46

반드시 모든 이로부터 사랑받아야 한다고 생각하지 말라.
무리하게 애쓰지 않고 평소의 자세로
담담히 지내는 것이 최선이다.

Friedrich Wilhelm Nietzsche

　인생에서 가장 소중한 건 차분한 시간을 보내는 기간이다. 마음에 여유가 깃들면 누구나 차분한 시간을 즐길 수 있지만, 그게 쉽지 않은 이유가 하나 있으니 바로 '더 많은 사람에게 사랑받으려고 무리하게 애쓰는 마음'이다.

　운동을 할 때도 마찬가지로 평소와 다른 자세를 취하면 몸에

무리가 오면서 담담한 마음을 유지하기 힘들다. 더 많은 사랑을 받기 위해서 억지로 자꾸만 애를 쓰며 내가 바뀌어야 한다면, 이를 통해서 아무리 많은 사랑을 받아도 그건 내가 아닌 존재이기 때문에 의미가 없다.

필사할
문장

"무엇보다 자기 자신이 되어라.

가장 '나다운 나'를 사랑하는 사람을 만나라."

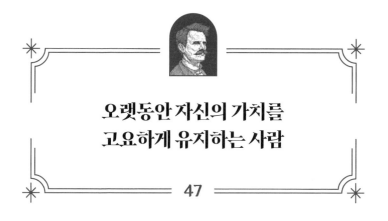

오랫동안 자신의 가치를
고요하게 유지하는 사람

47

내가 항상 누군가에게 귀로 들었고
지금까지 그렇게 실천한 것처럼,
철학을 한다는 것은 얼음 덮인
산꼭대기 위에서 고요히 살아가는 것이다.

Friedrich Wilhelm Nietzsche

누구나 살면서 한 번 정도는 잘나갈 때가 온다. 그것은 그의 재능과 운이 만날 때 나타나는 현상이다. 하지만 진짜 실력은 그렇게 나타난 현상을 일시적으로 나타나는 행운으로 끝내지 않고, 스스로 관리하며 죽는 날까지 일정한 속도로 성장하게 만든다. 얼음 덮인 산꼭대기 위해서 잠시 머무는 건 그리 어려운 일은 아니다.

중요한 건 지속에 있다. 뭐든 지속하려면 무언가를 반복해야 하며, 그렇게 매일 무언가를 반복하다 보면 우리의 삶은 이전보다 고요해진다.

젊을 때도, 늙어서도 마찬가지다. 삶은 우리에게 그 나이에 맞는 방법을 알려준다. 젊을 때는 아무리 늦게 잠들어도 일어나면 이른 아침일 때가 많았는데, 중년이 되면 조금 달라진다. 아무리 늦게 잠들어도 얼마나 지나지 않아 이른 새벽에 깨어나게 된다. 이유가 뭘까? 결국 시간의 신은 우리에게 반복해서 이렇게 말하는 것이다. 어떤 어려움 속에서도 고요히 자신의 삶을 견디려면 꼭 위의 필사 문장을 되새겨라.

필사할
문장

"너의 새벽잠이 없어지는 이유는,
새벽에 무언가를 하라는 하늘의 뜻이다."

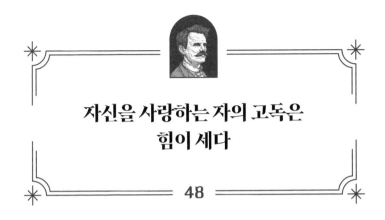

자신을 사랑하는 자의 고독은
힘이 세다

48

우리가 고독한 이유는
자기 자신을 제대로
사랑하지 못하기 때문이다.

Friedrich Wilhelm Nietzsche

고독하지 말라는 말이 아니다. 인간은 누구나 고독하며, 반드시 고독해야 자신의 빛을 낼 수 있다. 대중을 대상으로 공개적인 활동을 하며 생계를 유지하는 사람들 역시 "어떤 시간을 가장 사랑하나요?"라고 질문하면 "일이 없을 땐 집에서 나오지 않아요. 고독한 시간이 가장 소중하죠."라고 답한다. 매우 중요한 지점이다.

누구나 고독하지만 모두가 고독을 제대로 즐기는 건 아니다. 그 안에 바로 사랑이 존재한다. 자신을 사랑하는 사람의 고독은 수많은 영감과 치유의 힘을 주지만, 자신을 사랑하지 않는 사람의 고독은 슬픔과 고통만 준다. 제대로 고독하려면 제대로 자신을 사랑해야 한다.

"모든 사랑이 결국에는 끝나지만,

자신과의 로맨스는 살아 있는 한 영원하다."

최선의 선택을 돕는
단 하나의 질문

49

운명아, 비켜라.
용기 있는 내가 간다!

Friedrich Wilhelm Nietzsche

"이건 좀 힘들 것 같은데."
"다른 걸 찾아야 하는 걸까?"

살다보면 결정하기 힘든 문제 앞에서, 선택을 망설이는 자신을
만나게 된다. 그럴 때 최대한 지혜로운 선택을 하려고 시도하면,

아까운 시간만 지나고 잘 생각도 나지 않는다. 슬픈 일이지만, 인간은 갑자기 지혜로워지지는 않기 때문이다. 이럴 때, 이런 생각으로 결정하면 평소보다 더 나은 선택을 할 수 있다.

"가장 멋진 선택을 하려면 무엇을 고르면 될까?"

가장 멋진 선택을 하자는 생각은 우리를 현재보다 조금 더 근사한 곳으로 안내한다. 하고 싶었지만 미뤘던 것, 가치를 알지만 힘들어서 피했던 것, 남들이 가지 않아서 애써 부정했던 것, 이 모든 것들이 우리가 말하는 '멋진 선택' 안에 들어 있기 때문이다. 그래서 원하는 것을 선택하는 행위는 용기가 필요하다. 운명이라는 벽을 치울 정도로 강력한 용기가 있어야 비로소 우리는 스스로 가장 원하는 선택을 할 수 있다.

최선의 선택이 필요한 상황이라면, 위의 필사 문장을 반드시 기억하고 스스로에게 되묻길.

"무엇이 더 멋진 선택일까?"

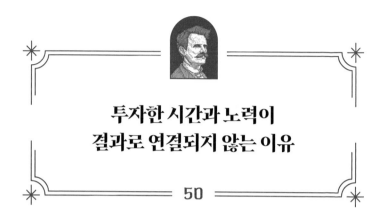

투자한 시간과 노력이
결과로 연결되지 않는 이유

50

우리는 소에게서 배워야 할 일이 한 가지 있다.
깊이 반추(反芻, 되새김)하는 것이다.

Friedrich Wilhelm Nietzsche

반추는 소가 음식물을 되새김질하듯 생각을 계속 곱씹는 것을 말한다. 생각을 곱씹지 않고 살면 원하는 결과를 만나기 매우 어려워진다. 이런 경험을 자주 해봤을 것이다. 스스로 공부를 열심히 했다고 생각하며 시험지를 받자마자 문제를 풀어나가는데, 괜히 불길한 느낌이 들 때가 있다. 그리고 어김없이 생각한 것보다 낮은 점수가 나온다. 우리는 보통 시험을 치르기 전에 이런 기도를 한다. "더 바라지는 않습니다. 제가 열심히 공부한 만큼만 점수가 나오게 해주세요." 하지만 90퍼센트 이상은 그 소망이 이루어지지 않는다. 이유가 뭘까? 아쉬운 마음 때문일까? 안타깝게도 그 이유는 '공부를 덜 했기 때문'이 아니라, '시험을 잘 치르기 위한 연습'을 하지 않았기 때문이다. 단순히 공부만 하는 사람과 결과까지 좋은 사람은 생각의 질과 농도가 다르다.

그렇기에 반추하고 곱씹어야 한다. 그렇게 원하는 결과로 이어질 수 있는 분명한 길을 찾아야 한다. 이처럼 생각을 곱씹는 과정을 통해 내가 원하는 결과를 얻기 위한 분명한 과정을 그릴 수 있게 된다.

필사할 문장

"일만 열심히 한다고 결과가 좋은 건 아니다.
반추를 통해서 원하는 결과로 이어질 수 있는
분명한 길을 찾아 거기로 달려야 한다."

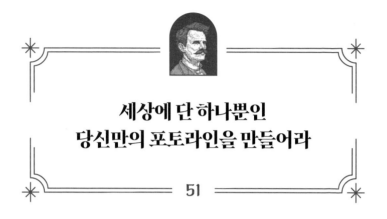

세상에 단 하나뿐인
당신만의 포토라인을 만들어라

51

이 세상에서 가장 손상 받기 쉬운 반면,
정복되기 어려운 것은 인간의 허영심이다.

Friedrich Wilhelm Nietzsche

나는 여행을 떠나서 사진을 찍을 때 그 앞에 서 있는 내가 아니라, 거기에서 내가 본 부분을 섬세하게 사진으로 찍는다. 그럼 그 순간이 비로소 나만의 기억이 되고, 그 순간 느낀 감정이 고스란히 사진과 함께 남는다. 그렇게 만든 기억은 영원히 사라지지 않고 내 삶과 함께 머문다. 이유는 간단하다. 에펠탑이나 루브르 박

물관 앞에 서 있는 내가 아니라, 그날 내가 본 에펠탑과 루브르 박물관의 나만 아는 어느 부분을 남겼기 때문이다.

이것이 바로 내가 허영심으로부터 나를 지키는 방법이다. 생각해보면 인간의 세상은 허영심으로 작동하고 있다. 허세를 빼면 사실 남는 게 별로 없다. 그게 나쁘다고 말하는 게 아니다. 다만 세상이 편집한 거대한 무대에서 벗어나, 어떤 유혹에도 당당히 중심을 지키며 무언가를 바라보고 생각할 수 있다는 건 큰 축복이다. 그때 우리는 영문도 모르며 하는 소비와 이별하고, 자신이 원하는 주도적인 소비와 조우할 수 있기 때문이다.

필사할
문장

"남들이 만든 포토라인에서 벗어나,
내가 만든 나만의 포토라인 앞에 서라."

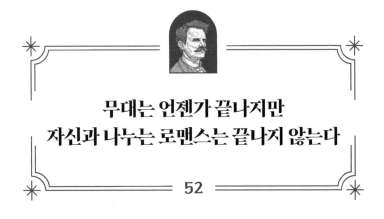

무대는 언젠가 끝나지만
자신과 나누는 로맨스는 끝나지 않는다

52

> 자신을 진실로 사랑하게 되면
> 천국에서는 물론이고,
> 현실에서도 보답을 받게 된다.
>
> **Friedrich Wilhelm Nietzsche**

진실로 자신을 사랑한다는 것, 그게 중요하다는 사실은 누구나 알고 있다. 하지만 대부분의 중요한 사실이 그렇듯, 알고 있지만 반대로 모르고 있기도 하다. 제대로 모른다는 말이다. 자신을 사랑한다는 건 무엇을 의미하는가? 자신의 가치와 내면까지 모두 아끼고 믿는다는 말이다. 자신을 사랑하는 사람에게는 매우 큰 특징

이 하나 있다. 그들은 스스로 자신을 믿고 내면에 녹아 있는 가치를 아는 사람이라서 굳이 어떤 일을 맡길 때, 사기를 높이려고 애를 쓸 필요가 없다는 것이다. 그 이유는, 자신이 가진 능력만으로 충분하기 때문이다. 잘할 수 있다고 격려하고, 좋은 방향으로 칭찬하는 모든 행위가 그들에게는 굳이 필요하지 않다. 스스로 자신의 성장을 확신하고 있기에 굳이 그런 타인의 말이 필요하지 않기 때문이다.

그래서 자신의 가치를 확신하는 사람들에게는 늘 시간이 충분하다. 격려를 받을 시간과 자신을 믿지 못해 방황하며 소비하는 모든 시간을 아껴서 자신의 일에 모두 투자할 수 있기 때문이다. 자기보다 못한 사람과 어울리며 그들을 무시하는 걸로 즐거움을 찾기보다는 더 나은 사람과 어울리며 새로운 걸 배우기를 좋아하고, 다른 사람의 시선이나 고정관념, 규칙에 얽매이지 않고 세상이 깜짝 놀랄 일을 하며 산다. 자신을 믿고 사랑하면 지금 당장 그런 삶을 살 수 있다.

"늘 자신에게 속삭여라.

나는 나를 사랑한다.

나만 나를 진실로 사랑할 수 있다.

나와의 로맨스는 끝나지 않는다."

가장 많이 웃는 자가
가장 많이 운다

53

인간만이 이 세상에서 깊이 괴로워한다.
그러므로 인간은 웃음을 발명하지 않을 수 없었다.
겉으로 가장 불행하고 가장 우울한 동물이
당연히 가장 쾌활한 동물인 것이다.

Friedrich Wilhelm Nietzsche

우리 주변에 꼭 이런 사람이 있다. 겉으로는 자주 웃고 활기찬 사람인 것처럼 행동하지만, 사실은 자주 숨어서 울거나 침울한 상태에 빠져 있는 사람. 그들의 행태를 보며 이중적인 생활을 한다고 생각하거나 말할 때도 있다. 하지만 그건 사실이 아니다. 인간이라면 대부분이 비슷한 삶을 보내고 있기 때문이다. 늘 중요한 선택을 하며 사색하는 인간이라는 존재는, 태생적으로 괴로운 시간을 자주 보낼 수밖에 없다.

인간은 본래 깊이 괴로워하는 특성을 가지고 태어났기 때문에 웃음이 필요해서 발명을 했고, 스스로 숨 쉴 구멍을 찾아낸 것이다. 겉과 속이 다른 이유는 누군가를 속이려고 그런 것이 아니라, 그렇게 삶의 균형을 맞추려는 시도인 셈이다. 그래서 웃음과 울음은 서로 닮았다. 가장 많이 울었던 자에게는 결국 가장 자주 웃을 기회가 생기기 때문이다. 사는 건 언제나 쉬운 일이 아니다. 그래도 너무 힘들때는, 이 힘든 순간도 웃어넘길 수 있다면 좋은 날이 반드시 찾아올 거라는 굳은 믿음으로 살자.

필사할 문장

"슬픔이 기쁨에게, 다시 기쁨이 슬픔에게,
좋은 마음을 전하는 것이 우리의 인생이다."

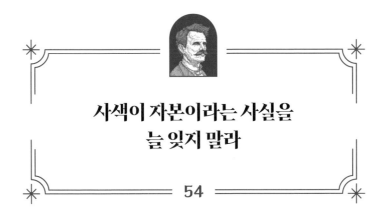

사색이 자본이라는 사실을
늘 잊지 말라

54

너의 내면은 지금 무엇을 알리고 있는가.
본래의 너 자신이 되어라.

Friedrich Wilhelm Nietzsche

매달 책값으로 50만 원 정도를 쓰던 시절이 있었다. 중요한 사실은 당시 내 연봉이 1,800만 원에 불과했다는 것이다. 넉넉한 형편이 아닌데 책에 돈을 그렇게 많이 쓰는 게 너무 아깝다고 말한 사람도 있었지만, 내 생각은 완전히 달랐다. 다른 곳에 들어갈 돈을 모두 아껴서 모은 돈을, 전부 쓰고 싶을 정도로 사고 싶은 책이 많다는 사실에 오히려 기뻤다. 기준이 잡히면 늘 세상과 다른 방법으로 생각을 하게 된다.

그런데 이제는 시간이 지나, 1년에 1권만 읽기를 15년 이상 반복하고 있다. 이번에도 역시 "세상에 좋은 책이 이렇게 많은데 1년이라는 긴 기간 동안 딱 1권만 읽다니 시간이 아깝지 않느냐?"라고 묻는 사람도 많았지만, 내 생각은 이번에도 완전히 달랐다. 1년을 아낌없이 바쳐서 읽을 수 있는, 단 1권의 책이 있다는 사실에 오히려 기뻤다.

단순히 돈을 모으거나 쓰는 일은 기계도 할 수 있는 매우 단순한 과정이다. 그러나 인간만이 스스로 시작할 수 있고 중간에 멈출 수도 있으며, 기간과 비용을 스스로 결정할 수 있다. 지식의 깊이가 아닌 생각의 깊이가 그 사람의 가치를 결정하며, 오직 우리에게 주어진 일상을 통해 그 가치를 높일 수 있다. 그래서 언제나 사색이 자본이다.

"당신에게 주어진 소중한 일상에

매일 생각의 깊이를 더해서,

당신이 선택한 이유를 설명하게 하라.

설명할 수 있어야 모든 선택은 빛을 얻는다."

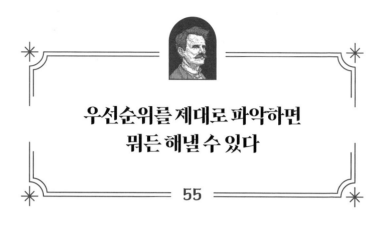

우선순위를 제대로 파악하면
뭐든 해낼 수 있다

55

'초인'이란, 필요한 일을 견디어 나아갈 뿐 아니라,
고난을 사랑하는 사람이다.

Friedrich Wilhelm Nietzsche

뭐든 일을 제대로 해내려면 고난을 반길 수 있어야 한다. 그럼
고난을 사랑하는 사람이 되기 위해서는 어떻게 해야 할까? 우선,
지금 내게 가장 필요한 일이 무엇인지 우선순위를 제대로 정해야
한다. 일에는 4가지 종류가 있다.

1. 지금 당장 해야 하는 일

2. 지금 하면 괜찮은 일

3. 해도 안 해도 별 상관이 없는 일

4. 지금 하면 안 되는 일

1번을 제대로 선정해서 시작하면 어떤 고난도 이겨낼 수 있지만, 우리는 의외로 3번이나 4번같은 엉뚱한 선택을 하기 때문에 고난을 견딜 가치를 느끼지 못해서 중간에 멈추게 된다. 그렇기에 우선순위를 제대로 정하라. 빨리 시작하는 것보다 훨씬 더 중요한 작업이다.

필사할
문장

"초인이란 우선순위를 아는 사람이다.

지금 당장 해야 할 것에 인생을 걸어라."

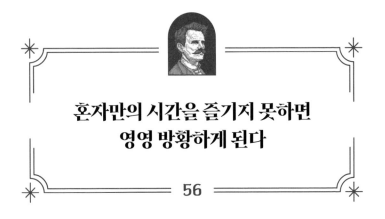

혼자만의 시간을 즐기지 못하면
영영 방황하게 된다

56

안이하게 살고 싶다면 항상 군중 속에 머물러 있으라.
군중에 섞여 너 자신을 잃어버려라.

Friedrich Wilhelm Nietzsche

물론 사람은 모여서 함께 살아야 한다. 세상에 혼자 할 수 있는 일은 없으니까. 다만 중요한 건 혼자만의 깊은 시간을 보낸 자만이 누군가와 함께 무언가를 할 때, 세상에 필요한 가치를 빛낼 수 있다는 사실이다.

혼자 있지 못해서 늘 외로움을 함께 견딜 누군가를 찾는 사람은 순간적으로는 잠시 공허한 마음을 채울 수 있지만, 그 잠깐의 시간이 지나면 평생 지독한 공허함에 방황하게 될 것이다. 이유는 간단하다. 자신의 색을 잃었기 때문이다. 명심하라. 혼자 있는 시간은 외로운 시간이 아니라, 자신의 색을 찾고 더욱 진하게 그리는 '정체성의 공간'이다.

필사할
문장

"사람들 속에 들어가서 섞이지 말라.

당신만이 가진 고유성을 잃는 순간,

존재의 가치도 잃게 된다."

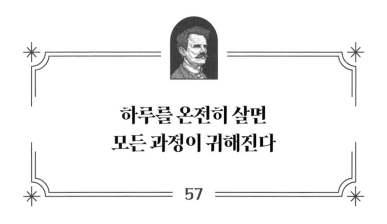

하루를 온전히 살면
모든 과정이 귀해진다

57

언젠가 날기를 배우려는 사람은 우선 서고, 걷고,
달리고, 오르고, 춤추는 것을 배워야 한다.
사람은 곧바로 날 수 없다.

Friedrich Wilhelm Nietzsche

큰 꿈은, 자신을 품은 사람을 허망하게 만들 가능성이 높다. 꿈
이 무엇이든 우리가 일상에 집중해야 하는 이유가 바로 여기에 있
다. 하늘을 날고 싶다는 꿈을 아무리 오랫동안 품고 크게 소리를
쳐도, 당장 그 방법은 나의 것이 되지 않는다.

"세상을 바꿀 불가능한 꿈을 품어라."라는 조언은 하루하루에 집중하라는 말이지, 그저 꿈만 생각하며 하루를 소모하라는 말이 아니다. 당신의 하루를 완전히 살아내라. 그럼 수많은 과정이 모두 당신이 꿈을 이루어낼 수 있게 도울 것이다.

필사할
문장

"자신의 하루를 온전히 살아내는 사람은

완벽한 과정을 통해 어떤 꿈도 이루어낼 수 있다."

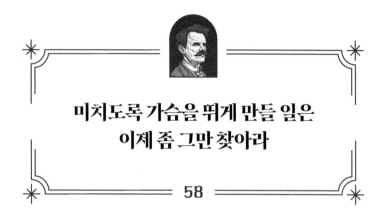

미치도록 가슴을 뛰게 만들 일은
이제 좀 그만 찾아라

58

당신이 많은 것을 담고자 한다면
하루는 백 개의 주머니를 가지고 있다.

Friedrich Wilhelm Nietzsche

살다 보면 깨닫는 진리가 하나 있다. 누구든 자신의 일을 할 때 미치도록 좋아서 하진 않는다. 겉으로 볼 때 루틴처럼 반복해서 오랫동안 차곡차곡 성장한 사람도 마찬가지다. 그들이라고 삶이 특별하지는 않다. 세상에는 3가지 일이 존재한다. 하나는 '미치도록 하고 싶은 일'이고, 또 하나는 '그저 그런 일'이고, 마지막 하나는 '미치도록 하기 싫은 일'이다. 오랫동안 꾸준히 성장하는 사람은 대부분 '미치도록 하고 싶은 일'을 만나서, 행복하게 습관처럼 반복한다고 생각하는데, 결코 그렇지 않다. 그들은 보통 '그저 그런 일'을 찾아서 그걸 '그냥' 루틴처럼 반복하며 살아간다.

사람 사는 게 다 그렇다. 미치도록 가슴을 뛰게 하는 일을 찾는 건 드라마나 영화에서나 가능한 장면이다. 그런 일을 찾느라 인생을 허비하지 말라. 미치도록 하기 싫은 일이 아니라면, 뭐든 찾아서 반복해보라. 이건 의지로 해결할 수 있는 간단한 문제다. 당신의 하루는 매우 위대하다. 음식을 계속 먹으면 위가 늘어나서 그걸 감당하듯, 우리의 하루도 역시 당신이 의지를 갖고 많은 것을 담고자 한다면 백 개의 주머니를 제공할 것이다. 그 귀한 하루를 매일 루틴처럼 반복하게 된다면 얼마나 위대한 기적이 탄생할까. 스스로 자신의 내일을 기대하는 삶을 살게 될 것이다.

필사할
문장

"'그저 그런 일'을 '그냥' 반복해서 하면,

특별한 자신을 만날 날이 반드시 온다."

고난이 없는 날은
내가 죽은 날이다

59

모든 고난이 자취를 감추었던 때를 상상해보라.
참으로 을씨년스럽기 짝이 없지 않은가?

Friedrich Wilhelm Nietzsche

오히려 아무런 고난도 없는 시기에 우리는 하루가 삭막하고 스산하며 쓸쓸하게 느껴진다. 너무 힘들어서 죽고 싶을 정도로 힘들 때, 고난이 우리를 힘들게 만들지만 최소한 쓸쓸하거나 외롭진 않다. 고난이 없다는 사실은 희망도 사라졌다는 사실을 증명하기 때문이다.

그러니 지금 힘들다면 그건 당신이 여전히 희망을 품고 있다는 사실을 의미한다.

희망이 없다면 그 삶은 죽은 것이며, 어떤 생기도 느껴지지 않는다. 살아 있는 덕분에 고난도 겪고 아픔도 느낄 수 있다. 늘 덕분이라고 생각하라. 그럼 어떤 고난도 웃으며 반길 수 있다.

"인간은 희망을 품을 때 고난을 겪게 되며,

그런 나날을 통해서 좀 더 나은 인간이 된다."

사랑이 변할 때만
우리가 얻을 수 있는 깨달음

60

우리에게 가장 두려운 것은
사랑이 깨지는 게 아닌,
사랑이 변하는 것이다.

Friedrich Wilhelm Nietzsche

사랑이 우리에게 고통을 주는 이유는 그 멈춤에 있지 않다. 깨지는 건 순간의 고통이지만, 변하는 것은 오랫동안 그것을 바라봐야 한다는 사실을 의미하기 때문이다. 사람도 그렇다. 좋아하던 사람이 인기를 얻거나 큰 성공을 한 후 조금씩 변하는 모습을 보면 말로 설명하기 힘들 정도로 아프고 괴롭다.

깨지는 게 명사라면 변하는 것은 동사라서 내내 그 과정을 지켜보며 고통을 감내해야 한다. 그러나 그렇기에 사랑은 우리에게 영감을 준다. 인간은 고통을 경험하고 내면에 녹이면서 비로소 사랑으로만 배울 수 있는 소중한 것을 알게 되기 때문이다.

필사할
문장

"사랑이 변하는 모습을 지켜보는 건 고통이지만,

그 과정을 통해서 우리는

세상에서 가장 근사한 가르침을 얻는다."

나는
'나' 전문가가 되어야 한다

61

자신에 대한 평판에만 지나치게 신경 써서
남들이 하는 이야기에 귀를 기울이는 것은 좋지 않다.
타인이 나를 어떻게 생각하고 있는지 연연하지 마라.

Friedrich Wilhelm Nietzsche

우리는 저마다 자기 삶에서 최선의 노력을 하며 산다. 그런데
왜 내 삶은 내게 만족을 주지 못하는 걸까? 이유는 간단하다. 우리
가 세상을 향해 매일 던지는 몇 가지 질문 때문이다.

"저 사람은 나를 어떻게 생각할까?"

"이렇게 하면 나를 좋아해주겠지?"

왜 우리는 내게 주어진 소중한 시간을 남을 생각하고 의식하며 보내는 걸까? 남이 나를 좋아해주는 게 아니라, 내가 나를 좋아하는 게 정말 중요한 가치인데, 왜 평생 그걸 제대로 하지 못하고 끌려가는 인생을 사는 걸까?

세상에서 가장 중요한 건 내가 바로 서는 일이다. 세상에 도움을 주고 싶다면 도움을 줄 수 있는 내가 되어야 한다. 남을 연구하지 말고, 나를 연구해야 한다. 나는 '나' 전문가가 되어야 한다.

필사할
문장

"나를 공부하기 위해 가장 먼저 해야 할 건,

이 순간을 지배하는 일이다.

순간만이 우리가 가진 최고의 힘이다."

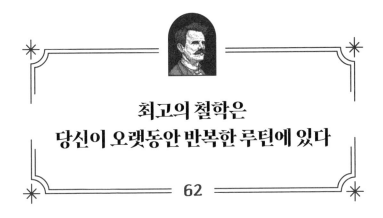

최고의 철학은
당신이 오랫동안 반복한 루틴에 있다

62

심오한 사상은 모두 가면을 쓰고 있다.
철학적 개념은 또 하나의 가면을 쓰고 있다.

Friedrich Wilhelm Nietzsche

가면이란 과연 부정적인 표현일까? 그렇지 않다. 우리는 모두
가면을 쓰고 있으며 가면이 이끄는 삶을 살고 있다. 최근 6일 동안
늘 지속하던 일상을 해내면서 철학 분야의 책 원고 45%를 집필
했다.

6일이라는 숫자가 쉽게 느껴지지만, 사실 지난 20년 내내 매일 하루도 빠짐없이 원고지 50장을 집필했던 루틴이 있어 만날 수 있는 결과라고 볼 수 있다. 그렇다. 가면이란 결국 그 사람의 루틴인 셈이다. 그런 의미에서 철학이란 결국 오랫동안 지킨 루틴을 텍스트로 변주하는 것에 불과하다. 정확하게 표현하자면 6일이 아니라, 20년 6일이 걸린 셈이다.

필사할 문장

"글이 될 수 있는 하루를 살면,
그 하루의 수많은 반복이 당신에게
짐작도 할 수 없는 멋진 선물을 줄 것이다."

내게 소중한 사람을
만나고 싶다면

63

절망에 빠져 있는 사람을 보게 되면
어느 누구라도 용기가 치솟게 된다.

Friedrich Wilhelm Nietzsche

모두가 나를 떠날 때 혼자 남아서 내 외로운 마음을 위로해주는 고마운 사람도 있고, 마지막까지 남을 거라고 생각했지만 오히려 가장 먼저 나를 떠나는 실망스러운 사람도 있다.

마찬가지로 누군가 절망에 빠졌을 때, 대부분의 사람은 조용히 웃는다. 나보다 못한 사람이 여기에 있다고 생각해서 그렇다. 하지

만 내가 절망에 빠졌을 때 오히려 나보다 더 절망하며 곁에 다가
오는 사람도 있다.

"힘들 때 다가오는 사람을 놓치지 말라.

당신과 평생을 나눌 소중한 인연이니까."

4장

가장 사랑하는 '책'

Friedrich Wilhelm Nietzsche

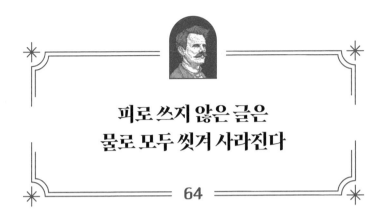

피로 쓰지 않은 글은
물로 모두 씻겨 사라진다

64

나는 피로 쓴 것만을 사랑한다.
글을 쓰려면 피로 써라.
그럼 당신은 피가 곧 영혼임을 깨닫게 될 것이다.

Friedrich Wilhelm Nietzsche

피로 글을 쓴다는 건 무엇을 말하는 걸까? 바로 경험이다. 치열하게 경험한 단어만 글로 쓰라는 조언인 셈이다. 그래서 글을 쓰는 사람은 이것저것 떠맡는 것을 반기는 사람이어야 한다. 같은 부서에서 함께 일하는 사람이 일을 하지 않으려고 눈치를 본다면 그것도 반겨라. 그건 내가 2인분의 힘을 기를 수 있는 기회이기 때문이다. 회사를 비롯해서 당신이 머무는 곳에서 새로운 일이 주어진다면 "제가 하겠습니다."라고 말하라. 그럼 당신이 경험하는 삶의 반경이 깊고 넓어지며 쓸 수 있는 글도 달라진다. 이건 혁신과도 같은 일이다.

사람들은 그런 당신을 보며 "바보처럼 일을 떠맡네!"라고 생각하겠지만, 당신은 같은 시간에 새로운 일을 하나 더 할 능력을 키우는 것이며 동시에 혼자 해낼 수 있는 또 하나의 재능을 장착하는 거라고 볼 수 있다. 잘 살아낼 수 있는 사람이 잘 써낼 가능성도 높다. 그래서 글을 쓰는 사람은 이것저것 떠맡고 해내는 것을 반기는 사람이어야 한다. 혼자서 할 수 있는 능력이 많은 사람이, 혼자서 써낼 수 있는 분야와 주제도 많아질 수밖에 없다. 결국 글은 혼자서 해내야 하는 작업이며, 영감을 휘어잡고 자기만의 시선으로 변주할 수 있어야 하기 때문이다.

"경험해서 피로 쓴 글이 아니라면,

바람이 불면 사방으로 흩어지고

물이 흐르면 씻겨 사라질 것이다."

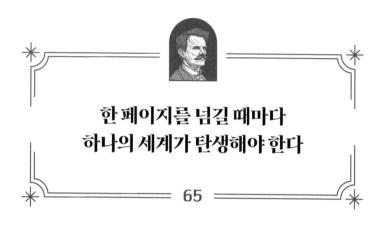

한 페이지를 넘길 때마다
하나의 세계가 탄생해야 한다

65

다른 사람의 피를 이해하는 것은
결코 쉬운 일이 아니다.
그래서 나는 게으름을 피우며
책을 뒤적이는 사람들을 증오한다.

Friedrich Wilhelm Nietzsche

읽는 건 쉬운 일이 아니다. 눈만 있으면 누구나 읽을 수 있다는 사실 때문에 독서를 매우 쉽게 생각하는 사람이 많은데 결코 그렇지 않다. 니체가 누구나 다 읽기를 배우게 하면 결국 글쓰기뿐 아니라 사고도 망쳐버릴 것이라고 말한 것처럼, 독서는 매우 섬세하게 진행해야 할 지적인 도구다. 그래서 나는 잠시 읽고 오랫동안 사색에 잠긴다. 실제로 나는 책을 펼쳐서 읽는 시간보다, 덮고 생각에 잠겨 있는 시간이 더 많다. 책은 펼치는 지적 도구가 아니라 중간중간 덮고 생각하게 만드는 도구다. 덮고 생각하는 시간이 길어질수록 다시 펼칠 때 이전보다 깊은 시각으로, 단순한 지식의 흡수를 넘어 창조에 도달한 독서를 할 수 있다. 그때 우리는 하나의 세계를 내 안에 탄생시킬 수 있다. 니체는 글쓰기를 피로 쓰는 것이라고 말했다. 피는 결국 그 사람이 살아낸 흔적이다. 그 흔적을 읽으려면 당연히 깊은 사색이 필요하다. 그러므로 책의 마지막 페이지를 만나려는 독서에서 벗어나, 한 문장에 멈추려는 독서를 시작하라. 그럼 당신의 독서는 곧 경탄의 독서가 될 것이다.

필사할
문장

"독서는 매우 치열한 정신이 필요한 지적 도구다.

반드시 나만의 것으로 만들겠다는

강한 집념으로 사색의 깊이를 더해야만

하나의 세계를 탄생시킬 수 있다."

내 말과 글을 빛내는
가장 지혜로운 방법

66

사람의 마음에 사랑이 흐를 때,
우리의 일의 결과는 점점 좋아지며
명령이나 복종 혹은 덕이 따를 수 없는
그 이상의 것을 해낼 수 있다.

Friedrich Wilhelm Nietzsche

기업이나 학교 등에서 다양한 이유로 발표를 해야 할 때가 있다. 이때 사실 떨지 않는 사람은 별로 없다. 지켜보는 사람이 많을수록, 그 일의 중요성이 커질수록 떨림의 강도도 커진다. 이유가 뭘까? 그 안에 사랑의 마음이 흐르지 않아서다. 그럼 어떻게 해야 사랑의 마음으로 발표를 할 수 있을까? 마음의 방향만 바꾸면 누구나 당장 해낼 수 있다. 바로 '도움을 주려는 마음'으로 나서는 것이다.

　발표할 때만 적용되는 이야기는 아니다. 글을 쓰거나 대화를 나눌 때도 마찬가지다. 잘하려고 하면 늘 마음이 떨린다. 실수하거나 못하게 될 것이 두려워서 그렇다. 하지만 마음의 방향을 바꿔서 '잘하려는 마음'을 '도움을 주려는 마음'으로 바꾸면 기적처럼 마음의 떨림이 사라지고 사랑만 남는다. 이유는 간단하다. 잘하려는 마음에는 실패나 고통이 찾아올 수 있지만, 도움이 되려는 마음에는 결코 아픔이 찾아오지 않는다. 도움을 주려는 마음을 갖게 되면 실패를 걱정하기보다는 내 안에 있는 가장 귀한 것만 꺼내서 주려는 마음에 집중하기 때문에 무엇을 하든 그 일이 빛날 가능성이 높아진다.

"잘하려고 하지 말라.

그저 뭐든 도움을 주려고 시작하라.

그럼 당신의 말과 삶이 빛날 것이다."

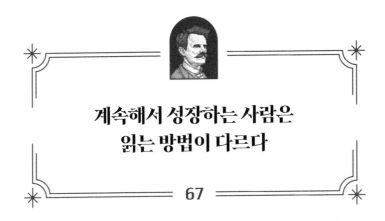

계속해서 성장하는 사람은
읽는 방법이 다르다

67

계속해서 성장하지 않는 사람일수록 쉽게 싫증을 느낀다.
새롭지 않기 때문이다.
오히려 멈추지 않고 성장하는 사람은 매 순간 변화하기에
똑같은 사물을 가지고 있어도 조금의 싫증도 느끼지 않는다.

Friedrich Wilhelm Nietzsche

그 사물에 책도 포함된다. 책을 현명하게 읽는 사람은 책의 제
목에 휘둘리지 않고, 내용을 자신에게 맞게 받아들인다. 제목의 지
배를 받는 게 아니라, 제목을 휘어잡으면서 내용을 주도하는 것이
다. 그래서 그들은 같은 책도 다르게 읽을 수 있어서 늘 새로운 깨
달음을 얻을 수 있다. 1권을 100개의 시선으로 읽을 수 있어, 같은

책에서도 지루함을 전혀 느끼지 않는다. 이를테면 자녀교육서를 보며 "나는 부모가 아니니까 읽을 필요가 없지."라는 자세가 아닌, '나'라는 아이의 좋은 부모가 되고 싶다는 마음으로 읽는 것이다.

실제로 매우 문해력이 뛰어난 한 스님은 절에 찾아오는 신도에게 내가 쓴 자녀교육서를 선물하며 "여기에 부처님 말씀이 있다." 라며 조언하기도 했다. 스님은 어디에서든 부처의 말씀을 찾는 사람이고, 수학자는 어디에서든 공식을 찾는 사람이다. 책은 결국 보는 자의 몫이다. 의심의 눈으로 보면 불신이 보이고, 지혜의 눈으로 보면 지성을 읽을 수 있다. 그래서 독서는 계속해서 내게 맞는 방법을 찾아내는 지적 게임이다.

필사할
문장

"가만히 앉아 글자만 읽으면 나아지는 게 없다.

지금보다 조금이라도 나아지려면

나아지려는 방법을 투철하게 사색해야 한다."

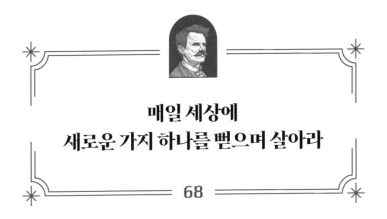

매일 세상에
새로운 가지 하나를 뻗으며 살아라

68

인간은 곧은 판자를 만들 수 없을 만큼
옹이가 많은 나무로 만들어졌다.

Friedrich Wilhelm Nietzsche

옹이란, 목재의 줄기에 가지가 붙는 곳에 생기는 흔적을 말한다. 누군가는 그걸 나무의 상처라고 부른다. 하지만 나는 그걸 상처가 아니라 개성이라 생각한다. 인간을 곧은 판자로 만들 수 있었다면, 애초에 세상에 이렇게 수많은 사람이 함께 살아가야 할 이유도 없을 것이다.

옹이란 결국 그 사람의 생각이다. 인간은 생각을 할 때마다 새로운 가지 하나를 세상에 내보낸다. 그게 잘려서 상처로 남을 수도 있다는 사실을 알지만, 그 정도의 각오는 하며 생각을 표현할 용기를 내는 것이다. 우리 모두에게는 그런 옹이가 존재한다. 남들과 다르거나 유별난 자신을 미워하거나 원망하지 말라.

"남과 다르다는 건 생각한다는 증거이며,

당신이 용기 있게 산다는 사실을 말해 준다."

경험하는 것만으로도
본질에 다가설 수 있다

69

사람은 자신이 경험한 것들에 대해서만 말해야 한다.
다른 모든 말은 쓸데없는 것에 지나지 않는다.

Friedrich Wilhelm Nietzsche

보기만 해도 마음이 편안해지는 정갈한 잔디밭을 보고 과거에
는 "왜 저렇게 예쁘게 만들고 들어가지 못하게 막을까?"라는 의문
을 가졌지만, 실제로 내가 별장을 구입해 잔디밭을 가꾸면서 때에
맞게 온갖 살충제와 약을 뿌려야 벌레와 잡초가 없는 정갈한(?) 모
습을 갖추게 된다는 사실을 경험으로 깨닫게 된 후로는 들어가라

고 등을 밀어도 가지 않는다. 세상 모든 일은 결국 그렇게 될 수밖에 없어서 그렇게 흐르는 것이고, 이유가 없는 현재는 없는 법이다. 그러나 스스로 경험해서 깨닫지 못하면 도저히 그것을 이해하거나 짐작할 수 없다.

중국집에서 자주 먹는 짬뽕이나 집에서 자주 끓여 먹는 김치찌개 역시 마찬가지로 펄펄 끓는 상태로 즐길 때는 그렇게 맛있을 수가 없지만, 남긴 음식을 다음날 식은 상태로 다시 먹으려고 입에 넣으면 너무나 심각하게 짜서 놀라게 된다. 그렇다. 짬뽕이나 김치찌개는 사실 매우 짜다. 그러나 그것이 뜨거울 때는 짠맛이 온도에 가려져 느껴지지 않을 뿐이다. 더 경험하면 더 깊이 알 수 있다.

필사할
문장

"경험만으로도 우리는 바라보는 시각을 바꿀 수 있으며,
그 안에 숨어 있는 현상의 본질을 발견할 수 있다."

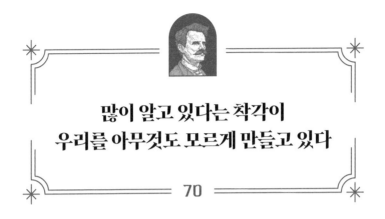

많이 알고 있다는 착각이
우리를 아무것도 모르게 만들고 있다

70

공동 재산은 스스로 모순되는 표현이다.
공동의 것은 아무런 가치도 지니지 못한다.

Friedrich Wilhelm Nietzsche

우리는 지금 가만히 앉아서 다양한 지식과 정보를 읽고 알 수 있는 세상에 살고 있다. 그래서 더욱 이 사실을 분명히 인지할 필요가 있다. "읽고 배웠다고 그걸 안다고 말할 수는 없다." 지식과 정보를 통해 지금 무슨 일이 일어나고 있는지는 알 수 있지만, 가장 중요한 그 일이 왜 일어났으며 앞으로 어떻게 될지는 알 수 없기 때문이다. 후자를 깨우쳐야 비로소 나만의 생각을 통해 무언가를 주장하고 설명할 수 있게 된다. 즉, 공동의 지적 재산이 아닌, 나만의 독립적인 지적 재산을 소유하게 되는 셈이다.

　그러나 많은 사람이 단순히 지식과 정보를 읽었다는 사실 하나로, 자신이 그걸 이해하고 알게 되었다고 착각하고 있다. 그러나 그건 이미 수많은 사람이 알고 있는 공동 재산에 불과하다. 중요한 건 생각을 점점 더 하지 않게 된다는 사실이다. 지식과 정보는 넘치지만 생각하는 사람은 점점 줄고 있는 게 현실이다. 그래서 우리는 지금 누군가를 무작정 지지하고, 지지하는 이유까지도 누군가의 지식과 정보를 통해 결정하는 세상에 살고 있다.

필사할
문장

"그저 보고, 읽고, 암기했다고 안다고 말할 수 없다.
진짜로 무언가를 알고 싶다면,
알고 있다는 착각에서 벗어나야 한다."

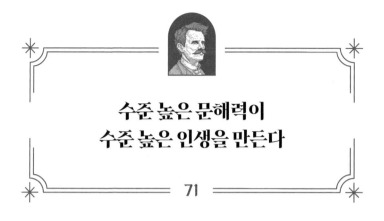

수준 높은 문해력이
수준 높은 인생을 만든다

71

인생의 목적은 멈추지 않는 전진에 있다.
그 안에는 언덕이 있고, 냇물도 있고, 진흙도 있다.
걷기 평탄한 길만 있는 것도 아니다.
거친 파도를 만나지 않고 편안한 항해만 하는 배는 없다.
파도는 언제나 그럼에도 전진하는 자의 친구다.
차라리 고난 속에 인생의 기쁨이 존재하니,
고난이 깊을수록 내 가슴은 세차게 뛴다.

Friedrich Wilhelm Nietzsche

내가 이 글을 소개한 이유는 현대인에게 반드시 필요한 문해력의 본질이 여기에 녹아 있어서다. 내가 최근에 나온 책의 판매량을 SNS에 글로 이렇게 썼다고 치자.

"발간 일주일 만에 2쇄 들어갑니다."

내가 이 글을 쓴 이유가 뭘까? 아마 약간의 문해력이 있다면,

그러니까 상대를 '이해하려는 마음'이 '사실을 말하려는 마음'보다 강한 사람이라면 쉽게 글을 쓴 의도를 파악하고 걸맞은 댓글을 달게 될 것이다. 그런데 '문해력'이 현저하게 떨어지는 사람들은 이런 방식의 댓글을 쓴다.

"작가님, 제가 출간일을 정확히 기억하는데 일주일이 아니고 8일 지났습니다. 그래도 아무튼 작가님 축하합니다."

정말 오묘한 느낌을 주는 글이다. 상대를 싫어하는 마음에서 나온 것이 아니기 때문이다. 그래서 더 문제다. 상대에게 호감과 애정이 있는데, 사실을 정확하게 말하려는 마음이 이해하려는 마음보다 강하고, 자신이 지금 어떤 느낌의 글을 쓰고 있는지 제대로 파악을 하지 못한다. 쉽게 말해서 이들에게 부족한 것은 상대의 마음과 글을 이해하는 데 필요한 '문해력'이다.

"현재를 사는 사람에게는 상대방의 마음에

공감이라는 선물을 줄 수 있는

최소한의 문해력이 필요하다."

모든 해석은
읽는 자의 지성이 결정한다

72

사람은 쾌락이라 하면 정욕을 생각한다.
감각이라 하면 육감적인 것을 생각한다.
육체라고 하면서 아랫배를 생각한다.
결국 이 세 가지 좋은 것 때문에 명예를 빼앗기고 만다.

Friedrich Wilhelm Nietzsche

'쾌락'과 '감각', 그리고 '육체'는 우리에게 매우 고귀한 자본이
다. 이 자본을 통해서 끊임없이 성장할 수도, 반대로 끊임없이 추
락할 수도 있다. 제대로 인식하지 못하면 우리는 늘 좋은 것도 추
하게 사용해서 자신을 망친다. 여기에서 분명하게 3개의 단어를
정의해야 한다. 쾌락은 정욕이 아니며 감각은 육감적인 것이 아니

다. 육체 역시 아랫배에 불과한 것이 아니다.

이 모든 잘못된 의미를 바꿔야 삶도 제자리로 돌릴 수 있다. 이 사실을 꼭 기억하라. 쾌락은 '경탄'이고, 감각은 '판단력'이며, 육체는 '건강'이다. 한마디로 압축해서, 늘 일상에서 경탄하는 하루를 보내며 지혜롭게 판단할 수 있다면 건강한 나날을 즐길 수 있다. 반대로 의미를 착각해서 읽고 해석하면 멋진 말을 아무리 읽고 들어도 삶은 나아지지 않는다.

필사할
문장

"해석은 읽는 자의 몫이다.

그래서 지적 수준이

삶의 모든 것을 결정한다."

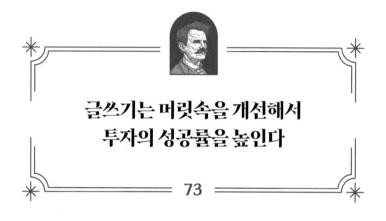

글쓰기는 머릿속을 개선해서
투자의 성공률을 높인다

73

설득력이 뛰어난 논리적인 문장을 쓰기 위해
기술을 아무리 배웠다고 해도,
논리적인 글을 쓸 수 있는 것은 아니다.
표현이나 문장의 수준을 이전보다 나아지게 하려면
기술을 배우기 이전에,
자신의 머릿속을 개선하는 일이 우선이다.

Friedrich Wilhelm Nietzsche

아는 만큼 볼 수도 있지만, 보는 만큼 알 수도 있다. 나아진 만큼 글을 쓸 수도 있지만 쓰는 만큼 나아질 수도 있다. 니체는 바로 이 포인트를 이 문장에 보석처럼 숨겨두었다. 글쓰기는 결국 자신의 머릿속을 가장 극적으로 개선하는 일이라는 말이다. 그래서 투자에 안정적으로 성공하려면 무엇보다 글쓰기를 시작하는 게 좋다. 글쓰기를 통해서 사실과 의견을 구분할 수 있으며 그 힘을 바탕으로 수많은 정보 사이에서 내게 맞는 단 하나의 정보만 추출할 수 있다.

가장 중요한 건, 아닌 건 모두 배제할 수 있다는 사실이다. 정보를 쌓는 건 수준 낮은 기계도 할 수 있는 일이지만, 필요한 하나만 남기고 나머지 모두를 배제하는 건 수준 높은 지성인만이 할 수 있는 일이다.

인생은 수많은 투자로 연결되어 있다. 꼭 돈을 걸어서 당장의 이득을 보는 행위만 투자가 아니다. 시간이라는 돌이킬 수 없는 자산을 어딘가에 쏟는 것도 무엇보다 귀한 투자다.

필사할
문장

"당신의 하루가 귀하다면,

흘러가는 시간이 아까워서 견딜 수 없다면,

당장 글쓰기를 시작하라."

젊은이는 늙고,
늙으면 죽는다

74

그 여자는 아름답고 영리하지만, 매우 유감스럽다!
아름답지 않았더라면 훨씬 더 영리할 수 있었을 테니.

Friedrich Wilhelm Nietzsche

이어령 선생이 자신의 삶을 다해 외친 말이다. 젊음을 믿지 말
고 늙어서 죽기 전에 지성을 자기 삶에 초대해야 한다. 단순히 젊
음을 소비하는 것이 아닌, 젊음을 활용하는 수준에 도달해야 한다.
젊음은 결국 끝나기 때문이다. 푸르른 젊음이 끝날 때까지, 그것보
다 귀한 것을 쌓아야 나머지 삶을 근사하게 즐길 수 있다. 그렇게

하지 못한다면 나머지 세월은, 우리에게 모멸감만 줄 뿐이다. 독서와 글쓰기 그리고 사색이, 우리의 영원한 자산인 이유가 바로 여기에 있다.

물론 아름다운 외모도 큰 매력이다. 하지만 거기에만 매몰되어 살면 나이 들수록 늘어나는 '주름살'만 눈에 보이게 된다. 하지만 지성인의 삶을 시작하면 오히려 쌓일수록 내면이 깊어지는 '지성의 결'을 느끼게 된다. 당신이 배운 지식과 정보는 아직은 당신의 것이 아니다. 그것들이 진실로 당신의 소유가 되기 위해서는, 이 질문에 답할 수 있어야 한다. "이걸로 무엇을 할 생각인가?" 그냥 늙기만 하지 않으려면 이 질문을 잊지 말라.

필사할 문장

"쓸모를 찾지 못한 지식과 정보는
쓰레기와 구분하기 힘들다."

일상을 순식간에
근사하게 바꾸는 하나의 힘

75

자신을 빨아들이는 행위야말로
우리가 추구해야 할 진정한 독서다.

Friedrich Wilhelm Nietzsche

매일 출근이나 약속을 이유로 외출할 때, 당신은 무엇을 챙겨서 나가는가? 지갑과 가방, 향수와 간단한 화장품, 그리고 혹시나 책도 가져갈 수 있을 것이다. 하지만 나는 어디에 가든 꼭 이것 하나는 반드시 챙겨서 나간다.

"껌처럼 온종일 곱씹을 한 줄의 글"

그 한 줄을 가슴에 품고 나서면 순식간에 주변 풍경이 농밀해지고 만나는 사람은 근사하게 바뀐다. 이유 없이 서 있다고 생각한 나무와 사람들, 특별한 자기만의 향기가 없다고 생각했던 각종 물건과 온갖 배경이 드디어 빛을 내고, 나는 거기에서 어떤 책에서도 찾을 수 없는 특별한 깨달음을 얻게 된다. 그건 기적과도 같은 순간이다. 이렇게 가슴에 한 줄의 글을 품고 살면 일상이라는 페이지를 넘길 때마다 삶이 주는 풍성한 지혜를 내면에 담을 수 있게 된다. 당신은 이미 모든 것을 가진 사람이다. 그러니 이제 당신이 갖지 못한 것을 갈구하느라, 정작 자신이 가진 것마저 망치는 어리석은 삶을 살지 말라.

"내 일상이 지루하다고 생각한다면,

그래서 농밀하고 근사한 하루를 원한다면,

온종일 곱씹을 한 줄의 글을 가슴에 품어라."

단정적인 표현을 자주 써야
글쓰기를 해낼 수 있다

76

나는 인간이 아니다.
나는 다이너마이트다.

Friedrich Wilhelm Nietzsche

"다 그런 건 아닙니다."

"그럴 수도, 아닐 수도 있습니다."

"그럴 가능성이 높습니다."

당신이 읽는 책 모든 페이지에 이런 표현이 가득하다면, 기분이 어떨까? 글을 쓰는 사람은 다소 독선적으로 보일 각오를 하고 단정적인 표현을 써야 한다. 이유는 간단하다. 단정할 정도로 깊이 사색하고 나온 결론을 글로 써야 하기 때문이다. 독선적이라서가 아니라, 깊은 사색에서 나온 글이라 단정적인 것이다.

인간은 고민하는 존재이지만, 다이너마이트는 터질 지점을 확실하게 정한 후 폭발하는 지성의 결정체다. 고민은 접고 깊은 사색에서 나온 단정하는 삶을 살라는 조언인 셈이다.

"모두의 의견은 다를 수 있다.
하지만 언제나 단정할 수 있는 사람만이
자신의 글을 멈추지 않고 쓸 수 있다."

정치가 몰락해야
문화가 살아난다

77

이편은 저편을 먹고 살며,
저편은 이편을 희생시켜 번영한다.
문화상의 모든 위대한 시대는
정치적으로는 몰락의 시기다.

Friedrich Wilhelm Nietzsche

조금만 찾아봐도 알게 되는 놀라운 사실이 하나 있다. 정치에 관심이 많았을 것 같은 수많은 철학자가 정작 정치에는 큰 관심을 두지 않았다는 것이다. 그들은 깊은 사색을 통해서 정치가 몰락해야 오히려 문화가 위대해지는 시기를 맞이한다는 사실을 알고 있었다. 물론 나라가 성장하려면 정치도 중요하다. 늘 관심을 갖고 지켜봐야 하는 것도 맞는 말이다. 다만 정치가 나아져야 문화도 성장한다는 말은 사실 관계가 맞지 않다는 것을 자각해야 한다. 때문에 우리는 문화에 정신을 쏟을 때, 정치는 전혀 고려할 필요가 없다.

책을 읽고 그림을 그리는 일에 정치가 영향을 줄 수 없다. 정치는 상대를 희생시켜 먹고사는 하나의 직업일 뿐, 문화를 살리는 역할을 하는 지적인 존재는 아니기 때문이다. 오히려 이렇게 반대로 생각하는 게 현명하다. 문화가 더욱 단단해지고 농밀해야 정치가 제대로 역할을 할 수 있다. 문화적으로 위대한 것들의 출현과 함께 세상은 위대한 정치를 펼치게 될 것이다. 모두가 각자 자신에게 주어진 하루를 예술적으로 살게 된다면, 그 나라의 정치 수준도 예술적으로 높아질 것이다. 그러므로 바깥에 문제가 있을 때, 늘 자신의 삶에 더욱 집중해야 한다.

"정치가 문화의 수준을 결정하는 게 아니라,

그 나라의 문화가 정치의 수준을 결정한다."

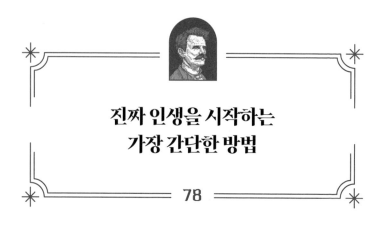

진짜 인생을 시작하는
가장 간단한 방법

78

친구들이여.
우리가 젊었을 때,
우리는 가장 고통스러웠다.

Friedrich Wilhelm Nietzsche

돌이켜봤을 때 젊은 시절이 인생이 가장 고통스러웠다고 느끼는 이유는 뭘까? 간단하다. 그 귀한 시간에 무언가를 제대로 시작하지 못하고 이런저런 방황이나 후회만 하며 살았기 때문이다. 가장 강한 육체적인 힘을 갖고 있어서 활력도 가장 높은 수치로 올라가던 그 시절, 무언가에 집중하며 전념했다면 그 결과가 얼마나 위대했을까. 내가 생각할 때 당신이 나중에 후회하지 않도록 가장 빠르게 시작해야 할 것은 바로 이것이다. '글쓰기'.

그럼 글을 쓰려면 무엇부터 시작하는 게 좋을까? 정말 간단하면서도 좋은 방법이 하나 있다. '댓글 쓰기'.

간혹 이런 댓글을 남기는 사람이 있다.

"저 댓글 진짜 안 쓰는데, 글에 감동해서 댓글 남겨요."

'댓글 진짜 안 쓴다'라는 건, 글에 대한 감탄이나 경탄의 표현으로 활용하기보다는, 반드시 고쳐야 할 나쁜 태도라고 인식해야 한다. 댓글을 반드시 써야 읽은 글이 나의 것이 되기 때문이다. 세상에 사소한 글은 없다. 영감은 쓴 자가 아닌 읽은 자의 것이다. 아무리 최고의 예술 작품을 감상하고 멋진 장소에 가더라도 거기에서 받은 느낌을 글로 쓰지 못한다면 아무것도 인생에 쌓이지 않는다. 그 시작은 언제나 댓글 쓰기다. 뭐든 읽고 자신의 생각을 댓글로 남겨라. 그래야 진짜 인생을 시작할 수 있다.

"오늘 내가 쓴 댓글이 쌓이고 쌓여

내 미래에 영향을 미친다."

글쓰기를 제대로 시작하려면
반드시 버려야 할 표현

79

세상을 바꿀 수 있는 최고의 사상은
대중의 이해를 구하기 힘들다.

Friedrich Wilhelm Nietzsche

　사람은 나이를 먹는 게 아니라, 향기로운 와인처럼 익는 것이다. 다만, 익지 못하고 썩는 사례도 있다. 이유는 간단하다. 자신에 대해 제대로 몰라서, 자기 안에 있는 재능과 가치를 쓰지 못해서 그렇다. 그래서 우리에게는 글쓰기가 필요하다. 글을 쓰며 우리는 자기 자신에 대해서 더 잘 알게 된다. 이때 주의할 부분이 하나 있다. 다음에 제시하는 3가지 표현은 글쓰기를 시작할 때 반드시 버려야 한다.

1. 내 생각이 정답은 아니야.
2. 그럴 수도 있고 아닐 수도 있어.
3. 너무 확신하는 거 아냐?

이런 방식의 말로 글을 채운다면, 아무도 그 글을 읽지 않을 것이다. 이것저것 다 넣는다면 결국 아무런 말도 하지 않는 것이기 때문이다. 글쓰기는 모두가 알고 있거나 모두가 본 것에 대해서 쓰는 게 아니라, 수많은 것들 중에서 내 눈에 들어온 하나에 대해서 확신을 갖고 세상에 전하는 것이다. 그런 과정이라서 글쓰기가 자신의 재능과 가치를 꺼내 세상에 보여주는 데 도움이 된다. 위에 소개한 3가지 표현을 버려야 자기만의 글을 쓸 수 있다.

"확신이 없다면 쓰지 말고

일단 쓰기로 했다면

자신의 생각을 완벽하게 신뢰하라."

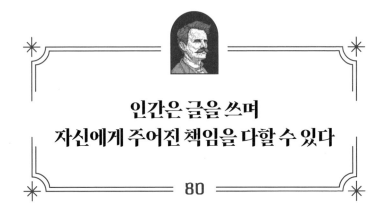

인간은 글을 쓰며
자신에게 주어진 책임을 다할 수 있다

80

자유란, 자기 책임에 대한 의지를 갖는 것이다.

Friedrich Wilhelm Nietzsche

이제 글쓰기는 피할 수 없는 현대인의 숙명이 되었다. 자신의 생각을 글로 표현하지 못하면 그만큼 누릴 수 있는 자유의 폭이 줄어든다. 1일 1포스팅도 훌륭하지만, 나는 최소 1일 3포스팅 정도는 해야 잘 사는 거라고 말할 수 있다고 생각한다. 하루에 3끼를 먹으니 최소한 먹는 만큼은 써야 하지 않을까?

"그렇게 쓸 에피소드가 없어요."

이렇게 반문할 수 있으나, 모두의 삶은 풍성하고 농밀하다. 그럼에도 쓰지 못하는 이유는 간단하다.

'바로바로 쓰지 않고 놓치기 때문이다.'

영감은 자기 스스로를 존중해서 바로 글로 써서 잡아두지 않는 사람에게 자신을 허락하지 않는다. 영감이 찾아올 때마다 글로 써서 그를 품에 가득 안아라. 그럼 신이 준 당신의 하루를 모두 당신의 것으로 만들 수 있고, 인간에게 주어진 책임을 모두 완수할 수 있다.

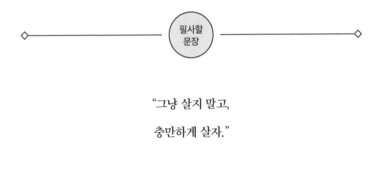

필사할
문장

"그냥 살지 말고,

충만하게 살자."

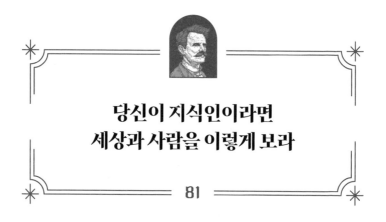

당신이 지식인이라면
세상과 사람을 이렇게 보라

81

지식인이라면 적을 사랑할 수도,
친구를 미워할 수도 있어야 한다.

Friedrich Wilhelm Nietzsche

살다보면 괜히 싫고 미운 사람을 만나게 된다. 그런데 우연히
그가 나에 대한 좋은 이야기를 주변에 하고 다니는 모습을 목격하
게 되면, 그를 미워했던 나의 과거가 부끄러워지는 동시에 그를 좋
아하게 된다. 인간의 마음 역시 그렇다. 이유 없이 상대가 밉고 싫
다는 건, 내가 가진 마음의 크기가 그만큼 작고 협소하다는 사실을

의미한다. 언제나 문제는 내 안에 존재한다.

　마음에 희망이 가득하면 어려움도 즐거움으로 변하지만, 마음의 크기가 좁아 희망도 담지 못할 때는 즐거운 일이 가득해도 제대로 즐기지 못하게 된다. 그래서 언제나 방향을 제대로 잡는 게 중요하다. 이유 없이 사람을 미워하지 말고, 반대로 이유 없이 상대를 무작정 옹호하지도 말아야 한다. 삶에서 '무작정'이라는 단어를 지워야 우리는 좀 더 선명하게 세계를 관찰할 수 있다. 그게 바로 '지식인이라면 적을 사랑할 수도, 반대로 친구를 미워할 수도 있어야 한다'라는, 니체가 남긴 조언의 핵심 메시지다.

필사할
문장

"지식인이라면 늘 세상과 사람을
좀 더 이해하려고 노력해야 하며,
그의 하루는 그 근거를 찾는 여정이어야 한다."

김종원의 세계철학전집
×
니체 for 인생

5장

삶을 대하는 '태도'

Friedrich Wilhelm Nietzsche

지혜로운 사람은
침묵에서 배운다

82

지혜와 친구가 되려면
침묵에 익숙해져야 한다.

Friedrich Wilhelm Nietzsche

가만히 허공만 바라보고 있어도 그 지성이 눈에서 느껴지는 사람이 있다. 그들에게는 어떤 비결이 있는 걸까? 그들이 보낸 삶은 우리에게 이런 조언을 한다. "당신이 말할 준비를 마쳤다고, 상대가 들을 준비가 된 것이라고 생각하지 말라. 또한 당신이 들을 준비를 마쳤다고, 상대가 말할 준비를 끝냈다고도 생각하지 말라. 당신이 보고 싶은 것과 상대가 보여주고 싶은 것은 다르며, 상대가 기대하는 것과 당신이 가지고 있는 것도 일치하기 힘들다." 조용히 기다리며 시간을 두고 세상과 사람을 지켜보라는 조언이다. 내 생각과 세상의 생각은 언제나 다를 수 있다. 지혜란 그 다름의 존재를 인식해나가며 만날 수 있는 특권과도 같다.

침묵하는 법을 배워라. 고요한 마음이 주변을 흡수하게 하라. 원하거나 욕망하는 것이 아닌, 들리는 그대로 들을 수 있도록. 누군가를 이해하고 싶다면 그저 천천히 다가가 말없이 함께 걸어가라. 그리고 틈틈이 서로를 바라보라. 고요한 눈빛으로 우리는, 가장 진실한 대화를 나눌 수 있으니까.

필사할
문장

"빠르게 다가가려는 욕망을 버리면,
우리는 더 깊이 서로를 이해할 수 있다.
욕망을 버린 만큼 지혜에 더 가까이 다가갈 수 있다."

나는 남과
다를 수 있다

83

나의 삶은 또 하나의 사상이다.

Friedrich Wilhelm Nietzsche

다름을 인정하고 그걸 특별하게 여겨야 한다는 사실을 알면서도 우리는 여전히 타인의 시선에 너무 많은 신경을 쓰며 살고 있다. 나는 남과 다를 수 있으며, 아니 반드시 달라야 한다는 사실을 다시 한 번 굳게 자각해야 한다.

수천 명이 한 지점을 향해서 뛸 때 나는 움직이지 않고 상황을 지켜볼 차분한 시선을 가져야 하고, 반대로 수천 명이 가만히 앉아서 지켜볼 때 혼자 뛰어나가서 맹렬하게 질주할 수 있는 뜨거운 용기를 가져야 한다. 나를 설득할 수 있는 사람은 세상에 오직 한 사람, 나밖에 없다.

필사할
문장

"나는 '나'라는 하나의 세계다.
누구도 나를 대체할 수 없다."

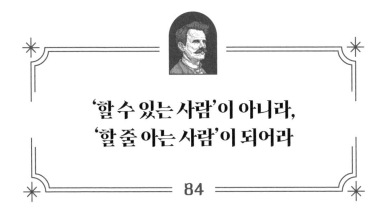

'할 수 있는 사람'이 아니라,
'할 줄 아는 사람'이 되어라

84

모든 지식의 연장은 의식적인 행동을
무의식으로 바꾸는 것에서 시작한다.

Friedrich Wilhelm Nietzsche

　의식적인 행동을 무의식으로 바꾼다는 건 무엇을 의미하는 걸
까? 쉽게 예를 들면 이렇다. 내가 사는 동네에는 특이하게도 서로
다른 세 개의 음식을 파는 식당을 혼자서 운영하는 사장이 있다.
여긴 맛집이 워낙 많아서 경쟁이 치열한 곳이지만, 그가 운영하는
세 식당은 언제나 대기가 있을 정도로 인기다. 메뉴도 참 다양하

다. 놀랍게도 그는, 태국식, 미국식, 유럽식 이렇게 완전히 다른 메뉴를 파는 식당을 운영하고 있다. 전혀 다른 세 가지 음식으로 동네를 장악하고 있는 셈이다. 나는 관찰을 통해 알아낸 사실이지만, 그가 세 개의 식당 주인이라는 사실을 아는 사람은 별로 없다. 상상도 하기 힘든 일이기 때문이다.

하루는 그는 만나 비결을 물었다. 그러자 그는 놀라운 대답을 들려주었다. "세상에 음식을 잘 만드는 사람은 많아요. 식당 운영을 잘하는 사람도 많죠. 하지만 저는 다른 것을 매일 자신에게 주문합니다. '할 수 있는 사람'이 아니라 '할 줄 아는 사람'이 될 수 있게 해주세요." 그의 말처럼 세상에 무언가를 할 수 있는 사람은 많다. 하지만 할 줄 아는 사람은 극소수다. 요리를 할 수 있는 사람은 많지만 요리를 할 줄 아는 사람은 별로 없고, 마케팅을 할 수 있는 사람은 많지만 마케팅을 할 줄 아는 사람은 극소수다. 그 미세하지만 거대한 차이를 안다면, 당신도 지금 시작할 수 있다.

"되고 싶은 자신의 모습을 생생하게 표현하라.

그리고 그 표현을 매일 자신에게 들려줘라."

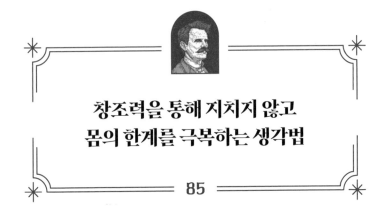

창조력을 통해 지치지 않고
몸의 한계를 극복하는 생각법

85

창조를 위해서는 스스로 괴로워해야 하며
이전에 없던 많은 변화가 요구된다.

Friedrich Wilhelm Nietzsche

무언가를 창조하기 위해서는 니체의 말처럼 괴로움을 이겨낸
후 수많은 변화를 경험해야 한다. 나는 이런 창조성에 깃든 가치와
깨달음을 얻기 위해 매우 독특한 방법을 사용한다. 보통은 달리기
를 좀 더 격렬하게 혹은 오랫동안 지속하기 위해, 실내자전거의 페
달 강도와 속도를 올리며 원하는 지속 시간을 달성하기 위해, 리듬

이 빠르거나 소리가 강한 음악을 감상하는 선택을 한다. 하지만 나는 오히려 조용하거나 가사가 없는 클래식 연주곡을 감상하며 몸을 격렬하게 움직인다. 최고 속도로 달리면서 귀로는 쇼팽의 〈녹턴〉이나 리스트의 〈사랑의 꿈〉을 감상하는 셈이다.

이유는 간단하다. 빠른 리듬은 내가 느낄 몸의 고통을 전혀 잠재우지 못하기 때문이다. 나는 몸의 한계를 극복해야 할 운동을 할 때 늘 음악을 감상하며 스스로에게 이런 질문을 던진다.

"이 곡을 완성하기 위해 얼마나 많은 노력을 했을까?"

"가장 적합한 구성을 찾기 위해 오랫동안 사색에 잠겼겠지?"

빠른 리듬은 나를 결국 멈추게 만들지만, 그 곡 안에 깃든 그들의 열정과 창조성은 나를 결코 지칠 수 없게 만든다. 우리는 언제나 마음을 봐야 한다고 강조하지만, 늘 그걸 잊고 포장지만 보며 판단한다.

"그 곡을 만든 마음을 보라.

그 콘텐츠를 창조한 마음속에 깃든

괴로움의 깊이와 변화의 나날을 만난다면,

당신도 절대로 멈출 수 없게 될 것이다."

거짓이라는 손님을
일상에 초대하지 말라

86

침묵을 당하는 모든 진실은
자신에게 독으로 돌아온다.

Friedrich Wilhelm Nietzsche

거짓은 매우 악독한 손님이지만, 우리는 매일 그 손님을 집에 초대하며 살아간다. 거짓을 말하는 순간 우리는 기억할 것이 하나 더 늘어나지만, 그런 수고를 참고 견딜 만큼 거짓은 달콤하기 때문이다. 다이어트로 쉽게 예를 들면, 우리 삶에 얼마나 거짓이 가득한지 알 수 있다. 다이어트를 결심하고 매일 아침 체중계에 오르기로 자신과 약속을 했지만, 밤에 야식으로 먹은 음식이 생각나 체중의 변화가 두려워서 오르지 않는다면 그것 역시 진실을 외면하려는 시도로 볼 수 있다.

하지만 그렇게 자신과의 약속을 지키지 않는 나날이 이어지면, 결국 침묵을 당하던 모든 진실은 훗날 자신에게, 거대한 지방이라는 독으로 돌아온다. "에이, 하루 정도는 괜찮아."라는 말로 거짓의 손님을 초대한 대가라고 볼 수 있다. 우리는 살면서 각종 약속을 하고 원칙을 세운다. 그걸 지키지 못하는 건 괜찮다. 중요한 건 진실을 외면하면서 거짓을 앞세우지는 말아야 한다는 사실이다.

"지키지 못한 것이 있다면
그날그날 솔직히 모두 고백하라.
자신에게까지 거짓을 말하지 말라."

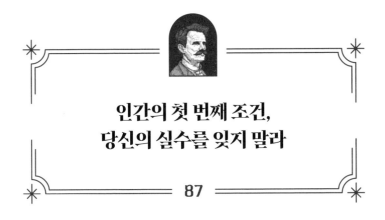

인간의 첫 번째 조건, 당신의 실수를 잊지 말라

87

여자를 만든 것이
신의 두 번째 실수였다.

Friedrich Wilhelm Nietzsche

당신이 여자라 하더라도, 여자를 만든 것이 신의 두 번째 실수라는 말에 분노할 필요는 없다. 신의 가장 큰 실수는 남자를 만든 것이니까. 그럼 그는 왜 굳이 인류의 존재를 신의 실수라고 말한 것일까? 여기에는 당신의 실수를 잊지 말라는 의미가 녹아 있다. 신은 자신이 만든 인류가 소중한 자연을 망치고 서로 비난하고 전쟁을 벌이는 모습을 보며 자신의 실수를 깨달았다. 하지만 신이 위대한 이유는 자신의 그 실수를 사는 내내 기억했다는 사실이다.

니체는 잘 잊는 자들은 복을 받은 사람들이라고 에둘러 조롱한다. 그들은 기억하지 못한다는 최악의 방법으로 자신의 실수를 잊기 때문이다. 그건 극복이 아니라 회피와도 같다. 인간이라면 자신의 실수를 잊지 않기 위해 늘 의식하며 살아야 한다. 그래야 살아야 할 이유를 찾을 수 있고, 이 고통스러운 인생을 웃으며 견딜 수 있다.

필사할
문장

"그저 먹고사는 것으로 만족하지 말라.
당신의 실수를 기억하며 더 나은 자신이 되어라."

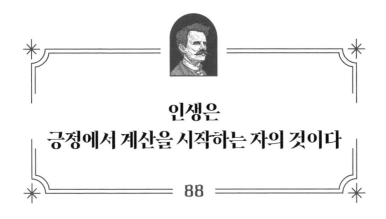

인생은
긍정에서 계산을 시작하는 자의 것이다

88

큰일에서나 작은 일에서나,
나는 단지 긍정하는 자가 되고자 한다.

Friedrich Wilhelm Nietzsche

"과연 그게 될까?"라는 '부정의 지점'에서 생각을 시작한 사람
과 "그걸 가능하게 하려면 어떻게 해야 할까?"라는 '긍정의 지점'
에서 생각을 시작한 사람은 결코 같은 도착지에 설 수 없다. 부정
은 아예 처음부터 희망을 없애기 때문에 스스로 생각을 말살하게
만든다. 인간은 희망을 품을 때만 생각을 시작하기 때문이다.

집에서 무언가를 찾을 때도 그렇다. 찾으려는 그게 있다고 생각하며 찾을 때와 '없으면 어쩌지'라고 생각하며 찾을 때, 마음가짐에 따라서 찾는 태도와 결과가 완전히 다르게 나타나는 걸 확인할 수 있다.

필사할
문장

"늘 가능하다는 지점에서 생각을 시작하라.

인간은 희망이 있을 때 더 깊이 생각하게 된다."

누구보다 자기 자신에게
좋은 사람이 되어라

89

악인에게는 공통점이 있다.
누구보다 자신을 증오한다는 것이다.
자신을 미워해서 나쁜 짓을 한다.

Friedrich Wilhelm Nietzsche

　범죄자가 아니더라도 주변 사람들에게 나쁜 말과 행동을 저지르는 악인을 자주 경험했을 것이다. 그들을 보면 참 이상하다. 왜 굳이 못되게 굴어서 수많은 사람들에게 원망을 갖게 하고, 분노하게 만드는 걸까? 그러나 사실 그들은 누구보다 자신을 가장 증오하는 사람들이었다. 미운 자신을 너무 견딜 수 없었기에 그걸 잊고자 아무런 상관도 없는 수많은 타인에게 투정을 부린 것이다.

이제는 주변에서 나쁜 태도를 갖고 있거나 못된 말과 행동을 가진 사람들을 보면 가련하게 여기며 바람처럼 스치면 된다. 그들은 안타깝게도 자기 자신을 세상에서 가장 미워하며 증오하는 사람들이니까.

"남에게 못되게 군다는 것은 스스로 자신에게
좋은 사람이 되어주지 못한다는 사실을 증명한다.
누구보다 자기 자신에게 가장 좋은 사람이 되어라."

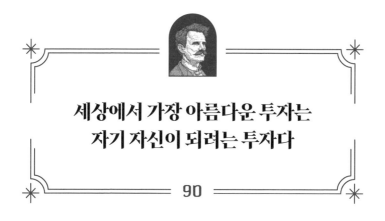

세상에서 가장 아름다운 투자는
자기 자신이 되려는 투자다

90

스스로를 소유하는 특권을 위한 대가는
아무리 비싸도 과하지 않다.

Friedrich Wilhelm Nietzsche

　인간으로 태어났지만 모두가 인간의 특권을 누리며 사는 것은 아니다. 이건 문명의 혜택이나 환경적인 부분의 언급이 아니다. 인간의 특권은 '자기만의 생각', '독창적인 일상', '선택의 자유'에 있다. 한마디로 압축하면 '스스로를 소유할 수 있을 때 인간은 자신의 특권을 제대로 활용할 수 있다.'는 것이다.

그런 삶을 살 수 있다면, 대가가 얼마든 투자할 수 있어야 한다. 그런 태도를 먼저 갖춰야만 그런 노력을 할 수 있기 때문이다. 스스로 생각하는 독창적인 일상, 그리고 매번 주어지는 선택의 자유를 즐기기 위해서는, 뭐든 투자할 수 있다는 각오를 다져야 한다.

"나는 어떤 경우에도 내가 되어야 한다.

어떤 투자도 그 길을 가는 데 있어서

결코 과하지 않다."

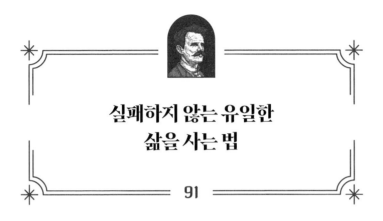

실패하지 않는 유일한
삶을 사는 법

91

자기 책임을 회피하려 하지 않고,
또한 타인에게 그 책임을 돌리려고 하지 않는 것은 고귀한 일이다.
자유란 자기 책임에 대한 의지를 갖는 것이다.

Friedrich Wilhelm Nietzsche

주식을 하면 누구나 공감하게 된다. 내가 팔면 오르고 내가 사면 내리는, 이 무한반복의 틀은 대체 무엇 때문인가? 내가 시작하면 불황이고 내가 나가면 호황이 시작되는 이 흐름은, 대체 무엇을 배워야 정확하게 예측할 수 있는 건가? 간단하다. 실패에 대한 그때그때의 책임을 시장이나 구조의 문제라며 회피하지 않고 스스로 모두 안아야 한다. 책임을 안지 못하면 그 뼈아픈 실패에서도 우리는 무엇 하나도 배울 수 없다. 실패를 소중히 여기며 책임을 안을수록 점점 실패하지 않는 인생으로 이동할 수 있다.

주식을 비롯한 각종 재테크, 트렌드와 콘텐츠를 분석하는 안목, 우리가 중요하게 생각하는 분야에 대한 전문성은 무언가를 배워서 얻을 수 있는 게 아니다. 실패를 대하는 자신의 태도를 바꾸면 공기의 흐름이 바뀌듯 자연스럽게 얻게 되는 것이다. 배워서 얻으면 경쟁의 길에 들어서게 되지만, 실패를 대하는 태도를 바꿔서 얻는 것은, 우리에게 누구도 대체할 수 없는 유일한 삶을 허락한다. 나만 아는 것이기 때문이다.

원하는 것이 무엇인지 제대로 알면 필요한 것을 쉽고 빠르게 살 수 있지만, 자신이 무엇을 원하는지 모르면 가장 비싼 것에만 시선을 빼앗기게 된다. 그게 바로 목적이 분명한 삶에 어떤 후회와 변명도 없는 이유다.

"당신이 누구든 자신의 실패에 대한 책임을

모두 스스로 떠안는 것이 성장의 시작이다."

네가 그토록 되고 싶은
네가 되어라

92

네 운명을 사랑하라.

Friedrich Wilhelm Nietzsche

　그냥 쉽게 듣고 지나치면 오해할 수 있는 말이다. 사랑이란 무엇인가? 주어진 것에 만족하거나 머물지 않고 끊임없이 더 나은 모습을 향해 전진하는 것을 뜻한다. 우리는 사랑하는 사람에게서만 배울 수 있으며, 사랑하는 사람은 힘들다고 중간에 멈추지 않기 때문이다. 네 운명을 사랑하라는 말은 운명이 주어졌다고 생각하지 말고 운명을 스스로 개척해서 원하는 자신이 되라는 날카로운 조언인 셈이다.

같은 말도 사람에 따라서 다르게 해석하는 이유는 그 해석에 그간 그 사람이 갖춰온 모든 태도와 지성이 녹아 있기 때문이다. 매우 중요한 지점이다. 제대로 읽어야 보고 싶은 것이 아닌, 꼭 봐야 할 것이 보인다.

"주어진 그대로가 아니라,

네가 그토록 되고 싶은 네가 되어라."

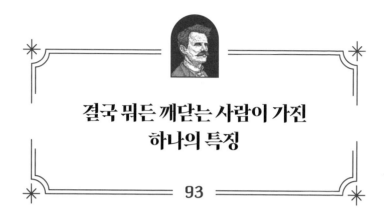

결국 뭐든 깨닫는 사람이 가진 하나의 특징

93

지구상에는 수많은 오물이 존재한다.
그러나 악취를 풍기는 모든 것에는
귀중한 가치가 숨겨져 있다.

Friedrich Wilhelm Nietzsche

깨달음이 어려운 이유는 당신의 지능이 낮거나 재능이 없어서가 아니다. 무언가 하나를 깨닫기 위해서는 몇 주 동안 변화가 일어나지 않는 극심한 정체 상태에 시달려야 하는데, 그 순간이 주는 무기력한 일상의 무게를 참지 못하고 눈을 다른 곳으로 계속 이동하게 된다. 결국 시작은 있지만 깨달음은 없는 관찰만 하게 된다.

하지만 결국 뭐든 깨닫는 사람은 그 사실을 알고 있기 때문에 늘 자신에게 '가치의 말'을 들려주며 허무한 정체기를 오히려 웃으며 지나친다.

"여기에 무언가 있다."

"나는 곧 그걸 만날 것이다."

"나는 이걸 알아가는 중이다."

세상에 존재하는 모든 것에는 나름의 가치가 있다. 우리가 오물이라며 회피하는 고약한 악취를 풍기는 것들 역시 그렇다. 당장에는 대상이 내게 아무것도 보여주지 않지만, 가치가 있다는 생각을 하며 오랫동안 바라보려는 그 태도 자체가 매우 중요하다. 대단한 능력이 필요한 일이 아니다. 대상에서 눈을 떼지 않는 것이 곧 창조력이자 상상력이다. 그렇게 집중해서 바라본 시간을 통해 우리는 대상의 본질과 서로 다른 사물의 관계를 꿰뚫어 볼 수 있게 된다.

"스스로에게 가치를 부여하며 계속 바라봐라.

그가 당신을 자신의 공간으로 초대할 때까지."

어려운 질문이
관계를 어렵게 만든다

94

타인과의 대화를 순조롭게 이어가고 싶다면
상대가 답하기 쉬운 질문을 해야 한다.

Friedrich Wilhelm Nietzsche

　가장 좋은 질문은 가장 쉬운 질문이다. 누구도 답하기 어려운 질문을 받길 원하지 않는다. 복잡한 생각에 잠기거나 대답하기 어려운 질문은 결국 상대의 마음을 거북하게 만든다. 그런 질문에서 나온 답은 서로에게 도움도 되지 않는다. 잘 모르는 것이거나 애매한 답일 가능성이 높기 때문이다.

질문을 하는 이유는 어려운 걸 알고 있는지 확인하려는 게 아니라, 나는 잘 모르지만 상대는 아는 것에 대해 묻고 배우기 위해 하는 것이다. 평가하려는 욕망에서 나온 질문은 관계를 망친다.

필사할
문장

"내가 평가하려는 목적에서 질문을 던지면

상대도 그 질문의 수준으로 당신을 평가할 것이다."

열정은 알아서 찾고,
각오도 알아서 하라

95

가장 치열한 전투는 자신과의 전투다.
인간은 자신의 한계를
넘어서기 위해 태어난 존재다.

Friedrich Wilhelm Nietzsche

가끔 이런 질문을 하는 사람이 있다.

"제 잃어버린 열정을 되찾게 해주는 적당한 책 좀 소개해 주세요."

나는 바로 이렇게 응수한다.

"열정은 알아서 찾는 겁니다. 책을 비롯한 모든 지적인 도구는 이미 열정을 소유한 사람을 돕는 것이지, 없는 사람의 열정까지 찾아줄 순 없어요."

　각오도 마찬가지다. 어느 누구도 당신을 각오하게 만들 수는 없다. 운동선수 역시 마찬가지다. 연습하기 전에 알아서 각오를 하고 온 선수와, 감독과 코치에게 자극을 받아 각오를 다지려는 선수는 서로 다른 길을 걷게 된다. 전자는 노력과 땀이 모두 실력이 되지만, 후자는 노력과 땀이 모두 그냥 말라서 사라진다.

　인간은 끝없이 자신이라는 한계를 극복해야 한다. 그걸 할 수 없다면 태어날 이유가 없다. 스스로 더 나은 존재가 되려는 의지가 곧 그 사람의 지성을 증명하기 때문이다. 매일 더 큰 자신으로 거듭나라. 그리고 만약 지금 당신의 나이가 서른이 지나 마흔으로 향하고 있다면, 이제는 지체할 여유가 없으니 꼭 명심하라.

"자신에게 무엇이 필요한지

매일 치열하게 점검해보라.

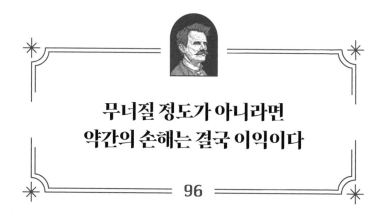

무너질 정도가 아니라면
약간의 손해는 결국 이익이다

96

나를 파괴하지 못하는 것은
무엇이든지 나를 강하게 만들 뿐이다.

Friedrich Wilhelm Nietzsche

"이건 내가 조금 손해를 보는 게 아닐까?"라는 생각을 자주 하
는 사람들이 있다.

물론 손해 보는 걸 좋아하는 사람은 없다. 다만, 너무 심하게 하
나하나 작은 것까지 따지면 주변으로부터 좋은 이야기를 듣기 힘

들고 무엇보다 스스로 너무 힘들다. 굳이 평판까지 따지지 않더라도 이런 생각으로 사는 게 서로에게 좋다.

"조금 손해 보고 말지 뭐."

내가 넓은 마음을 품고 견딜 수 있을 정도의 작은 손해를 자청하면, 상대방도 그걸 보고 느낀 게 있어서 훗날 좋은 마음으로 보답한다. 상대가 그렇게 나오지 않아도 괜찮다. 그에게 기회 한 번을 준 걸로 나는 좋은 일을 한 거니까.

"내가 무너질 정도가 아니라면,
약간의 손해는 나중에 볼 때 결국 이익이다."

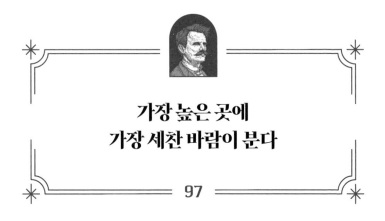

가장 높은 곳에
가장 세찬 바람이 분다

97

어느 정도 깊이 괴로워하는지가
인간의 위치를 결정한다.

Friedrich Wilhelm Nietzsche

세상에 '적당히' 해서 도착할 수 있는 산은 없다. 높은 곳에서는 어디든 세찬 바람이 불기 마련이다. 당연히 괴로운 일이 점점 많아진다. 삶에 괴로운 일이 점점 많아진다는 사실은 당신이 점점 높은 위치로 올라가고 있다는 행복한 현실을 증명한다.

결국 인생의 성장은 괴로움을 어느 정도 견딜 수 있느냐가 결정한다. 삶을 바꿀 기회나 좋은 제안 역시 괴로울 정도로 자신을 몰아붙일 수 있는 자에게 주어지는 선물이다. 현재 위치가 마음에 들지 않는다면 괴로움을 견딜 수 있는 강한 내면을 만드는 게 우선이다.

"내 가치와 위치는 모두 내가 결정한다.

내가 견딜 수 있는 수준이 곧 나의 위치다."

모든 이의 삶은 불안해서
더욱 사랑이 필요하다

98

삶이 아무리 불완전할지라도,
우리는 그 불완전함마저 사랑해야 한다.

Friedrich Wilhelm Nietzsche

우리는 누구든 다른 사람들과 함께 어떤 일을 해내며 산다. 작
가도 마찬가지다. 글은 혼자 쓰지만 책으로 만들어 세상에 소개하
려면 반드시 출판사에 있는 직원들과 소통하며 일해야 한다. 그런
데 출판사는 다른 직종에 비해서 자주 이직을 하기 때문에 글을
쓰는 입장에서는 조금 불안할 수 있다. 갑자기 담당 편집자가 바

뀌면 서로의 이해도가 낮아서 책이 제대로 나오지 못할 가능성이 높아지기 때문이다. 그래서 나는 계약을 할 때마다 농담처럼 묻는다. "이 출판사 오랫동안 다니실 거죠? 최소한 이 책이 나올 때까지는 다니셔야 합니다."

하지만 삶이 어찌 예상대로 될까. 가끔 중간에 이런 제목으로 도착한 편집자의 메일을 받을 때가 있다. "마지막 인사를 전합니다." 읽어보면 이직을 알리는 메일이다. 그럴 때 기분이 안 좋거나, 작업을 다 마치지 않고 이직하는 그가 미울 수도 있다. 하지만 나는 그럴 때 오히려 그에게 이런 내용으로 답장을 보낸다. "그간 정말 고마웠어요. 다른 곳에 가서서도 지금처럼 멋진 모습 보여주시길 소망합니다." 떠나는 그의 마음이 얼마나 힘들고 불안했을까. 나는 그 마음을 본 것이다. 이미 자리를 비워서 그가 내 답신을 영영 읽지 못했을 수도 있다. 하지만 그럼에도 나는 내 마음을 보낸다. 글자는 도착하지 못해도 마음은 도착할 테니까.

"모든 이의 삶은 불안하다.

당신도 나도, 그들도 모두 그렇다.

그래서 우리에게는 사랑이 필요하다.

불안한 이 하루가 사랑이 있어 살만해지니까."

오늘 웃을 수 있어야
내일도 웃을 수 있다

99

오늘 가장 기분 좋게 웃는 자는
역시 최후에도 웃을 것이다.

Friedrich Wilhelm Nietzsche

좋은 내가 모여서 좋은 인생이 되고, 행복한 기억을 쌓아서 행복한 인생을 만들 수 있다. 내가 경험하지 못한 인생은 그게 무엇인지 알 수 없어서 만나거나 실천할 수도 없다. 그래서 행복이나 웃음 그리고 기쁨 등의 감정을 느낄 때는 크기보다는 빈도가 매우 중요하다.

최후에 성공한 사람이 되거나 가장 마지막에 웃는 자가 되는 것도 좋다. 그러나 인생을 살다 보면 그런 것들은 참고 또 참은 뒤, 마지막 한순간에 집중해서 누릴 수 있는 게 아니라는 사실을 알게 된다.

필사할
문장

"세상의 좋은 것들은 최후가 아닌,

지금 당장 누리는 게 최선이다."

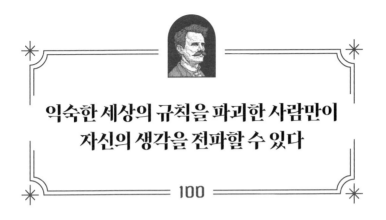

익숙한 세상의 규칙을 파괴한 사람만이
자신의 생각을 전파할 수 있다

100

오직 창조한 사람들만이
사라지게 할 수 있다.

Friedrich Wilhelm Nietzsche

　사람들이 대부분 공감하는 내용은 스스로 생각하지 않고 그냥 "그게 맞겠지."라는 생각에 스치게 되는 게 사실이다. 이 말도 역시 그렇다. "비싼 음식은 맛이 없기 힘들다." 물론 고가의 음식이 간혹 생각보다 맛이 없을 수도 있다. 하지만 이렇게까지 생각해 본 적은 별로 없을 것이다. 이 두 줄의 글을 자세히 읽고 사색해 보라.

"세상에 싸고 맛있는 음식은 많지만,

비싸고 맛있는 음식은 별로 없다."

    세상이 말하는 무조건 맛있는 음식은 사실 레시피가 정해져 있어서 창조력이 그리 필요하지 않은 음식일 경우가 많다. 하지만 비싼 음식은 창조의 영역이라 생각에 생각을 거듭해야만 완성할 수 있다. 그들은 세상이 이미 레시피로 완성한 수많은 것들을 사라지게 만들어야 비로소, 자신이 생각한 창조물을 접시에 담아 제공할 수 있다. 매우 중요한 지점이니, 반복해서 읽어보라. 생각의 전환이나 창조력 향상에 매우 큰 도움이 된다.

필사할
문장

"창조자는 이전의 규칙을 모두 파괴하고 지운다.

그들은 모든 경계를 지우고 그 위에 선 사람이다."

내가 비행기에
가능한 한 늦게 타는 이유

101

젊은이를 타락으로 이끄는 가장 좋은 방법은
다르게 생각하는 것을 가르치지 않고,
사고방식이 같은 사람을 존경하게 만드는 것이다.

Friedrich Wilhelm Nietzsche

비행기를 탈 때 탑승 신호가 나면 일제히 사람들이 일어서서
줄을 선다. 하지만 나는 사람들이 줄을 서서 거의 다 들어갈 때가
되면, 그때 일어서서 거의 마지막으로 탄다. 물론 출발 시각에 지
장을 주지 않는 선에서. 이유는 간단하다.

"좁고 답답한 비행기에 굳이 먼저 타서, 더 오래 머물고 싶지

않기 때문이다."

참 다행스럽게도 늘 일어서서 줄을 서시고 먼저 들어가려고 애를 쓰는 분들이 계셔서 내가 편안하게 가장 짧은 시간만 비행기에 머물 수 있다. 실제로 어떤 외국계 항공사는 퍼스트나 비즈니스가 아닌, 일반석 손님을 가장 먼저 태운다. 이유는 나와 같다. 비행기에 먼저 타는 게 특권이 아니라, 늦게 타서 비행기에 머무는 시간을 줄이는 게 더 큰 특권이라고 생각하기 때문이다.

중요한 사실 하나는 뭐든 생각을 바꾸면 다른 삶이 보인다는 것이다. 같은 사고방식의 삶을 존경하게 만드는 세상의 소리에서 벗어나, 자신의 귀에만 들리는 음성을 따라가라. 그럼 늘 다르게 생각하며 새로운 현실을 만나게 된다.

필사할
문장

"생각을 바꿔보라.
삶이 흥미로워진다."

세상을 향한 모든 불만은
나의 결핍에서 나온다

102

세상과 타인에 대한 불만으로 하루를 보내고 있다면
자신에게 만족하지 못해서 세상이 불만족스러운 것이다.
모든 결핍을 타인이나 세상 탓으로 돌려서
자신에게는 책임이 없다고 생각하고 싶은 것이다.

Friedrich Wilhelm Nietzsche

사소한 것 하나에도 유독 불만이 많은 사람이 있다. 이유는 간
단하다. 자신의 모든 것에 만족하지 못하고 결핍이 매우 많기 때
문이다. 자신이 그렇게 사는 이유를 잘 알고 있지만 자각하는 순
간 고쳐야 되기 때문에 늘 책임을 바깥으로 돌린다.

스스로에게 만족하는 사람들은 주변 사람이나 세상에 별 불만을 제기하지 않는다. 자신을 향한 만족과 사랑이 그대로 주변 사람과 세상으로 번지기 때문이다. 예민하지 않고 까다롭지도 않아서 늘 차분하고 평온한 상태를 유지한다. 불만이 많아진다면 바깥이 아닌 자신에게서 이유를 찾아야 한다.

"나만 내 삶을 바꿀 수 있다.
모든 것은 내 안에 있으니 늘 내면을 보자."

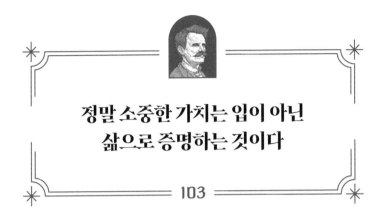

정말 소중한 가치는 입이 아닌 삶으로 증명하는 것이다

103

강한 신앙을 동경한다는 것은
자신의 신앙이 강하지 않음을 증명한다.

Friedrich Wilhelm Nietzsche

정의는 그저 발음하는 것만으로 이미 '정의로운 사람'이 된 듯한 기분을 느낄 수 있다. 실천하지 않고 입으로만 외쳐도 잠시 가질 수 있는 가치이기 때문이다. 신앙 역시 마찬가지로, "저에게 강한 신앙을 주세요."라고 기도하면 그걸 추구하는 사람인 것처럼 보일 수 있다. 하지만 본질에는 언제나 전혀 다른 것이 있다.

진정 정의를 소중히 여기는 사람이라면 그는 정의를 외치지 않고 일상에서 도덕을 실천하고 있을 것이다. 도덕적인 개인이 모이면 정의로운 세상이 저절로 완성되기 때문이다. 신앙 역시 마찬가지로 그가 진정 강한 신앙을 갖기를 원한다면 동경하기보다는 혼자만의 시간을 통해 스스로 강해졌을 것이다. 인생에서 소중한 것들은 이렇게 입에서 나올 때 거짓일 가능성이 높다.

필사할
문장

"인생의 수준을 결정하는 소중한 것들은

입이 아닌 삶의 실천에서 나올 때

비로소 진짜 가치를 갖게 된다."

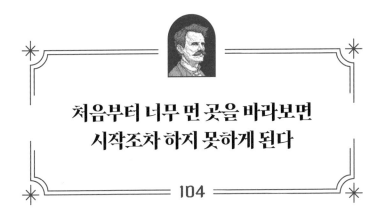

처음부터 너무 먼 곳을 바라보면
시작조차 하지 못하게 된다

104

근시를 가진 남녀가 사랑을 하는 것이다.
사랑하는 남녀를 치료하기 위해서는
약간 도수 높은 안경을 주면 낫는 경우가 있다.

Friedrich Wilhelm Nietzsche

근시란 먼 곳은 잘 안 보이고, 가까운 곳은 잘 보이는 질환을 말한다. 남녀가 모두 미래의 어느 지점을 바라볼 수 없어야, 순간적인 것에만 빠져 사랑에 성공할 수 있다는 말이다. 뭐든 길게 보면 쉽게 시작하기 힘들다. 생각할 것과 고려해야 할 게 점점 많아지기 때문이다. 니체가 정말로 강조하고 싶은 부분은 남녀의 사랑이 아니라 우리의 일상에 있다.

"장기적으로 이건 사양 산업이라 어려울 것 같아."
"과연 이걸로 평생 먹고살 수 있을까?"
"1년 후에도 후회하지 않을 자신이 있나?"
이렇게 우리는 수많은 시작 앞에서 너무 멀리까지 보며 걱정에 빠지기 때문에 망설이게 된다. 멀리까지 보는 건 좋은 일이지만 그게 너무 심각해지면 평생 시작하지 못하는 인생을 살게 된다. 시작 앞에서 우리는 근시가 될 필요가 있다. 결국 모든 일은 시작해야 끝을 볼 수 있으며, 순간순간 매일 최선을 다한다면 결과는 얼마든지 빛나게 만들 수 있기 때문이다.

"진정 사랑하는 일이라면 근시가 돼라.
너무 먼 곳만 바라보면 고민만 하게 된다."

지금 당장
하고 싶은 일을 하라

105

삶이 있는 곳에 의지가 있다.
그러나 그 의지는 삶의 의지가 아니라
생존하려는 의지다.

Friedrich Wilhelm Nietzsche

실수나 실패를 걱정하지 말고, 지금 당장 하고 싶은 일을 하라. 그래도 되는 이유는 간단하다. 지금 자신에게 이런 질문을 던져보라. "세상을 떠난 유명인 중에서, 내가 가장 좋아했던 사람이 누구였지?" 누군가 생각이 났다면, 다시 한 번 이런 질문을 던져보라. "내가 그를 마지막으로 생각한 적이 언제지? 그리고 그 사람이 했던 실수나 실패를 나는 여전히 기억하고 있나?" 어떤 유명한 사람도 늙으면 죽고, 세상을 떠난 이후에는 누구도 그들을 기억하지 않는다. 생각해보라, 그들의 존재 자체를 기억하지 않는데 그들의 실수나 실패 따위를 누가 기억할까?

그럼에도 이렇게 말하며 시작을 망설이는 사람들이 있다.

"저는 상황이 이래서 못해요."

"이젠 실패하면 끝이라서요."

하지만 나는 이런 이야기를 들려주고 싶다. 진짜 끝은 실패하면 끝나는 상황이 아니다. 진짜 끝은 죽음이다. 죽으면 이제 실수나 실패조차 할 수 없게 된다. 변명이나 핑계도 살아 있으니 할 수 있는 것이다. 자신의 삶을 사랑한다면, 꿈을 기록하는 것이 아닌 꿈을 실천하는 것이 당신의 목표여야 한다.

"살아서 이 글을 읽고 있다는 것 자체가

마르지 않는 당신의 희망이다.

이제 뭐든 시작하라."

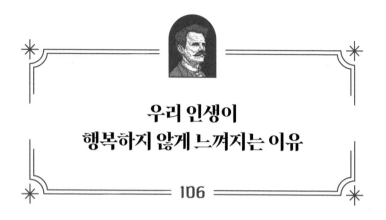

우리 인생이
행복하지 않게 느껴지는 이유

106

인생에서 가장 중요한 것은
진정으로 행복한 삶을
살아갈 수 있는 능력이다.

Friedrich Wilhelm Nietzsche

언론이나 책에서는, 국가의 행복지수를 분석해서 순위로 나눈 보고서를 인용하며 '행복지수 1위 국가의 비밀', '한국이 가장 불행한 이유'와 같은 콘텐츠를 자주 제공한다. 그걸 보면 웃음이 나온다. 이런 생각이 들기 때문이다.

"아니 뭘 행복까지 지수를 나눠서 순위까지 정해?

그런 걸 하는 것 자체가 되게 불행해 보이는데."

　우리 인생이 행복하지 않게 느껴지는 이유는 간단하다. 자꾸 행복해야 한다고 생각해서 그렇다. 좋아도 내 인생이고 싫어도 내 인생인데, 왜 그걸 자꾸 '행복'이라는 잡히지 않는 굴레에 넣으려고 하는가? 하루하루 최선을 다해서 살고, 이런 글을 읽을 여유만 갖고 있다면, 이미 그걸로 충분히 행복한 삶이다. 행복도 그냥 단어 중 하나일 뿐이다. 굴레 안에서 방황하지 말고, 자신에게 주어진 생명이라는 귀한 가치를 보라. 사는 것 자체로 이미 우리는, 자신이라는 기적을 만나고 있음을 잊지 말자.

"진짜 행복이란 세상 어디에서든

기쁨을 찾을 수 있는 삶을 사는 것이다.

그건 바람이 멈추기를 기다리는 것이 아니라,

나를 스치는 바람 속에서 기쁨을 발견하는 삶이다."

너무 잘하려고
애쓰지 말라

107

모든 좋은 것은
멀리 돌아가는 길에
목적에 다다른다.

Friedrich Wilhelm Nietzsche

모든 분야에서 일을 할 때, 단순히 애쓴다고 잘할 수 있는 거라면 세상 사람들 모두가 지금 일을 잘하고 있을 것이다. 이게 핵심이다. 아무리 잘하려고 애를 써도 못하는 수준에서는 잘할 수 없다. 잘하는 건 결코 쉬운 일이 아니다. 생각만 앞서가는 그런 날에는, 니체의 조언처럼 멀리 돌아간다고 생각하고 오늘 이 순간에 무섭게 집중하며 실력을 키우는 게 낫다. 못하는 나날을 치열하게 보내야, 훗날 잘하게 되는 날도 온다.

일단 오늘은 못하는 데 최선을 다하자. 최선을 다해서 못하면, 곧 애를 쓰지 않아도 잘하게 되는 날도 온다. 그러니 부디 애쓰지 말라. 애쓴다고 되는 게 아니다. 못하는 오늘의 나를 받아들이고 그저 하루를 태우듯 이 순간에만 집중하자. 이 골목을 돌면 원하는 것이 나를 기다리고 있을 거라고 믿으며 계속 가면 된다.

필사할
문장

"당신, 충분히 잘하고 있다.
그러니까 잘하려고 애쓰지 마."

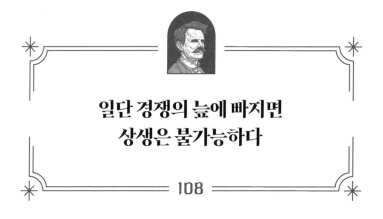

일단 경쟁의 늪에 빠지면
상생은 불가능하다

108

스스로의 정신을 단련해
인간의 한계를 뛰어넘은
초인이 되어야 한다.

Friedrich Wilhelm Nietzsche

경쟁이 없는 사회는 발전이 없다고 말한 니체, 여기에서 그가
말한 경쟁은 무엇을 향하고 있는 걸까? 외부가 아닌 내부를 향하
고 있다.

"함께 먹고살아요."

"다 같이 잘 살아야죠."

"너만 잘되면 좋냐!"

경쟁보다는 상생을 하며 다 같이 잘 살아야 한다는 말, 듣기에는 좋다. 물론 그게 좋은 세상이다. 하지만 그 좋은 게 왜 지난 시절 동안 단 한 번도 이루어진 적이 없을까? 조금만 정신을 놔도 내가 당장 죽게 생겼는데, 옆을 바라보며 도와줄 여유가 어디에 있겠는가. 그렇기에 경쟁하지 않고 자기만의 길을 달리는 사람만이 중간에 멈춰서 누군가를 기분 좋게 도울 여유를 낼 수 있다. 사람이 나빠서 돕지 않는 게 아니라, 경쟁의 늪에 빠져 어쩔 수 없이 손을 내밀지 못하는 것이라는 자각을 꼭 해야 한다. 그러니 당신이 누군가를 돕지 못하고 있다면 이런 생각을 가장 먼저 해야 한다. 위에 소개된 필사문장을 매일 잊지 말고 기억하며 낭독해 보라. 당신의 하루가 순식간에 농밀하게 바뀔 것이다.

"내가 지금 경쟁을 하며 살고 있구나.

여기에서 벗어나려면,

오늘 당장 무엇을 해야 하는 걸까?"

당신이 다룰 수 있는
당신의 크기는 어느 정도인가?

어떤가? 이제 내면에서 시작하는 변화를 체감하고 있는가? 그럼 다시 한 번 묻는다. "한 번 사는 인생, 어떻게 살아야 하는 걸까?" 물론 내가 다룰 수 있는 나의 크기를 키워야 한다는 사실은 이제 잘 알고 있을 것이다. 그 답을 조금 변주해서 나는 이렇게 표현하고 싶다.

"'아름다운 거절'에 그 답이 존재한다."

강연과 출간 의뢰, 각종 제안 등 나는 최소 일주일에 평균적으로 20회 이상 거절을 하며 살고 있다. 최대한 예의를 지키며 거절

했지만, 나는 알고 있다. 세상에 좋은 거절은 없다는 사실을 말이다. 그럼에도 불구하고 내가 거절을 반복하는 이유는, 결국에는 거절이 우리 모두의 성장을 돕는다는 사실을 알기 때문이다. 지금은 국민 강사가 된 한 대표를 10년도 더 전에 만난 적이 있다. 그는 당시에도 유명한 강사였고 매우 독특한 꿈이 있었다. 그건 바로 10년 안에 강의를 10분의 1 수준으로 줄이는 것이었다. 하지만 단서가 하나 있었다. 강의는 10분의 1로 줄이지만, 반대로 수입은 늘리는 것이었다.

"그게 가능해?"라고 반문할 수도 있다. 하지만 그는 실제로 그걸 해냈다. 방법은 간단하다. 하나는 가장 먼저 거절을 통해 자신의 시간당 단가를 높이는 것이었고, 나머지 하나는 자신처럼 꿈을 품으며 열정적으로 일하는 사람들의 숫자를 늘리는 것이었다. 그리고 모든 것은 완벽하게 이루어졌다. 여기에서 가장 중요한 것은 거절하지 않고 무조건 좋다고 말하는 삶이 자신에게 결코 좋은 영향만 주는 건 아니라는 사실을 인식하는 것이다. 물론 세상에 모두가 행복하게 웃을 수 있는 좋은 거절은 없다. "지가 뭐라고!", "돈만 아는 사람이네!" 상대에게 이런 저주와 비난을 받을 수도 있다. 그러나 한 번 사는 인생을 매일 빛내며 살고 싶다면, 그 모습을 정면으로 바라볼 용기를 낼 수 있어야 한다. 비난 앞에 당당해져야 꿈을 선명하게 그릴 수 있기 때문이다. 자신을 다룰 수 있는 크기를 키우려면, 가장 먼저 자신 있게 거절할 수 있는 용기를 가져야 한다. 자신으로 살아갈 용기를 내야 그 크기도 키울 수 있는 법이니까.

모든 준비를 마쳤다면, 마지막으로 당신의 아름다운 시작을 도울 3줄의 메시지를 소개한다. 뜨거운 마음으로 필사하며 당신의 문장으로 만들어 보길 바란다.

"자신 있게 무언가를 거절한다는 것은

내가 그만큼 아름다운 꿈을 꾸고 있다는

세상에서 가장 근사한 사실을 증명하는 것이다."

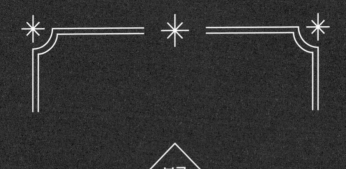

부록

지성의 문을 여는
필사 노트

○

나의 언어는 나의 세계다.

늘 오래된 사고에서 벗어나려고 분투하라.

내가 펼칠 수 있는 언어의 한계가

곧 내가 살아갈 세계의 한계를 결정한다.

○

나를 바꿀 수 있는 가장 위대한 방법은

바로 내 생각에 있다.

○

원수를 갖거나 원한을 품지 말라.

원한은 가장 먼저 자신을 품은 자를 망친다.

○

단 일초도 쉬운 순간은 없다.

나는 또다시 나를 빛내야 한다.

○

세상에서 가장 강한 자는

자신을 믿는 사람이다.

그는 매일 자신에게

좋은 기회를 선물하기 때문이다.

○

네가 가장 소중한 것을 주면

세상도 가장 귀한 것을 네게 줄 것이다.

○

세상과 사람을 향한 분노는

메마른 내면의 상태를 증명한다.

○

나쁜 경기와 입지는 있을 수 있지만,

하겠다는 마음이 그 모든 것을 이긴다.

당신도 물론 가능하다.

○

모두를 속이고 배신하더라도,

자기 자신에게만큼은 진실을 선물하라.

○

나는 뭐든 좀 더 생각하는 사람이다.

그건 매일 새로운 문제를 창조해서

지혜롭게 해결한다는 사실을 의미한다.

○

스친 것만으로는 알 수 없다.

관통해서 극복해야

비로소 그것에 대해서 말할 자격을 갖게 된다.

○

세상에 변하지 않는 것은 없다.

변하지 않는다면

그건 욕망일 뿐이다.

─────────────────── ✳ ───────────────────

○

입으로만 떠든 것들은 당신의 것이 아니다.

움직여서 제압하고 쟁취하라.

○

숨겨진 가치를 찾아 공평하게 성실하라.

성실한 삶을 통해 누구든 위대해질 수 있다.

○

사소한 것 하나라도 스스로 평가하라.

자기만의 세상은

스스로 평가한 작은 조각이 모여 탄생한다.

＊

○

무엇보다 자기 자신이 되어라.

가장 '나다운 나'를 사랑하는 사람을 만나라.

○

모든 사랑이 결국에는 끝나지만,

자신과의 로맨스는 살아 있는 한 영원하다.

○

초인이란 우선순위를 아는 사람이다.

지금 당장 해야 할 것에 인생을 걸어라.

○

자신의 하루를 온전히 살아내는 사람은

완벽한 과정을 통해 어떤 꿈도 이루어낼 수 있다.

○

잘하려고 하지 말라.

그저 뭐든 도움을 주려고 시작하라.

그럼 당신의 말과 삶이 빛날 것이다.

○

남과 다르다는 건 생각한다는 증거이며,

당신이 용기 있게 산다는 사실을 말해 준다.

○

경험만으로도 우리는

바라보는 시각을 바꿀 수 있으며,

그 안에 숨어 있는 현상의 본질을 발견할 수 있다.

○

그저 보고, 읽고, 암기했다고 안다고 말할 수 없다.

진짜로 무언가를 알고 싶다면,

알고 있다는 착각에서 벗어나야 한다.

○

쓸모를 찾지 못한 지식과 정보는

쓰레기와 구분하기 힘들다.

○

확신이 없다면 쓰지 말고

일단 쓰기로 했다면

자신의 생각을 완벽하게 신뢰하라.

○

지식인이라면

늘 세상과 사람을 좀 더 이해하려고 노력해야 하며,

그의 하루는

그 근거를 찾는 여정이어야 한다.

○

빠르게 다가가려는 욕망을 버리면,

우리는 더 깊이 서로를 이해할 수 있다.

욕망을 버린 만큼 지혜에 더 가까이 다가갈 수 있다.

○

지키지 못한 것이 있다면

그날그날 솔직히 모두 고백하라.

자신에게까지 거짓을 말하지 말라.

○

그저 먹고사는 것으로 만족하지 말라.

당신의 실수를 기억하며 더 나은 자신이 되어라.

○

늘 가능하다는 지점에서 생각을 시작하라.

인간은 희망이 있을 때 더 깊이 생각하게 된다.

○

주어진 그대로가 아니라,

네가 그토록 되고 싶은 네가 되어라.

○

당신이 누구든

자신의 실패에 대한 책임을

모두 스스로 떠안는 것이

성장의 시작이다.

○

내가 무너질 정도가 아니라면,

약간의 손해는 나중에 볼 때 결국 이익이다.

○

인생의 수준을 결정하는 소중한 것들은

입이 아닌 삶의 실천에서 나올 때

비로소 진짜 가치를 갖게 된다.

○

진짜 행복이란

세상 어디에서든 기쁨을 찾을 수 있는 삶을 사는 것이다.

그건 바람이 멈추기를 기다리는 것이 아니라,

나를 스치는 바람 속에서 기쁨을 발견하는 삶이다.

○

당신,

충분히 잘하고 있다.

그러니까 잘하려고 애쓰지 마.

한 번 사는 인생, 어떻게 살아야 하는가

초판 1쇄 발행 2024년 10월 7일
초판 2쇄 발행 2025년 2월 28일

지은이	김종원
디자인	김윤남
책임마케팅	최혜령, 박지수, 도우리
마케팅	콘텐츠 IP 사업본부
경영지원	백선희, 권영환, 이기경, 최민선
제작	재영 P&B

펴낸이	서현동
펴낸곳	㈜오팬하우스
출판등록	2024년 5월 16일 제2024-000141호
주소	서울특별시 강남구 테헤란로 419, 11층(삼성동, 강남파이낸스플라자)
이메일	info@ofh.co.kr

ⓒ김종원 2024

ISBN 979-11-94293-17-0 (03160)

마인드셀프는 ㈜오팬하우스의 출판브랜드입니다.